中環一筆叢書

第 **❷** 輯

港人為何
未能治港

劉瀾昌 著

太平書局

「中環一筆」叢書第 2 輯

港人為何未能治港

作　　者：　劉瀾昌

責任編輯：　Amy Ho

封面設計：　Cathy Chiu

出　　版：　太平書局

　　　　　　香港筲箕灣耀興道3號東匯廣場8樓

發　　行：　香港聯合書刊物流有限公司

　　　　　　香港新界荃灣德士古道220-248號荃灣工業中心16樓

印　　刷：　盈豐國際印刷有限公司

　　　　　　香港柴灣康民街2號康民工業中心14樓

版　　次：　2021年 7 月第 1 版第 1 次印刷

　　　　　　© 2021太平書局

　　　　　　ISBN 978 962 32 9354 9

　　　　　　Printed in Hong Kong

「中環一筆」叢書總序

都說歲月有痕。香港正處於百年未有之大變局。順應歷史潮流的變革是一種必然。

世上很多變革往往是被迫發生的，包括觀念的變革。任何一個事物的變革，巨大的動力在於迫切需要變革的人。香港走到變革的今天不容易。這種艱難度，香港人最清楚。

變革，就是不同於昨天，不重複今天。變革中的問題，只能透過繼續變革來解決。不斷的變革，才有不盡的活力。變革的時代，提供了發揮能力的機會，也提供了對能力的挑戰。

立足大視角，變革新香港。跳出香港看香港，跳出當前看長遠。這是本叢書第一輯、第二輯共 10 位作者的共識。

自 2014 年 7 月，零傳媒國際有限公司牽頭成立「中環一筆」評論小組，邀請香港媒體界、教育界、司法界、財經界等專家，每週撰寫關於香港時政的評論文章。他們扎根在各自的專業領域數十年，建樹良多。7 年來香港經歷了一系列的動盪，從非法佔中、雨傘運動再到 2019 年的反修例風波，他們一直堅守前線，筆耕不輟。

2015 年以來，零傳媒已先後出版了《香港傘裏傘外博弈》、《血色旺角前世今生》、《回歸 20 年 —— 香港浴火重生》、《香港

超越內耗》、《香港拒絕傲慢與偏見》、《香港顏色密碼》、《衝破香港黑夜的曙光》等 7 本相關評論文集，在海內外傳遞出強有力的聲音。當時間走到 2021 年，《香港國安法》已經實施，完善選舉制度條例刊憲，香港迎來一個新的變革契機，我們覺得需要為每一位作者的思考，專門結集出版。

這 10 位作者及其作品，分別是雷鼎鳴《龍鷹相搏 —— 香港看到的中美政經關係》、楊志剛《花開瘟疫蔓延時》、陳莊勤《沉默不螺旋》、屈穎妍《支離破碎的世界》、陳文鴻《港人的家國觀和世界觀》、阮紀宏《來生再寫中間派評論》、劉瀾昌《港人為何未能治港》、何漢權《教育，過眼不雲煙》、潘麗瓊《黑暴未了，真兇是誰？》、江迅《嬗變香港》。

感謝太平書局為此套叢書精心設計，如您將整套書擺放在一起，在書脊處會見到香港地標中環的完整海岸線，我們謹以此向各位作者致謝。

我們共同期待大變革下，香港會越來越好。

序言

2021 年 7 月 1 日，香港將慶祝回歸祖國 24 週年。如果按照鄧小平「五十年不變」的設計，「一國兩制」走了近一半路程。由於確保「愛國者治港」的選委會和立法會選舉制度的完善，香港的「一國兩制」越過了摸索階段，進入到新的、相對成熟的 2.0 階段。

筆者經歷過香港回歸的全過程，從中英談判、過渡期，一直到順利接收，以及 20 多年的風風雨雨。細細梳理，最感慨的一個問題是：「港人未能治港」。

首任中聯辦主任姜恩柱曾說，香港是一本難讀的書。事實上，在回歸之初，他真的誠心誠意且極度嚴謹地貫徹「港人治港、高度自治」的方針，大凡屬於香港的內部事務，一丁點兒也不過問。那時候，內地的官員到香港，還要到港澳辦申請。但是 20 多年過去了，香港特區卻步履艱難？24 年其實很不短了，北京、上海、廣州、重慶，莫不是解放不久便入正軌；深圳更成為中國一線城市。香港的徘徊、蹉跎、以至出現大面積的「暴亂」，原因在哪？

首先，香港有政治家嗎？香港第二任特首曾蔭權競選時自填履歷為「政治家」，但是他的競選口號卻是「做好這份工」。這一個小小的細節，可一窺全豹，從殖民地過渡而來的港人其實「政治家」欠奉。後來，朱鎔基總理也忍不住說，不能「議而不決，決而不行」。

回歸之初，不少人認為，「一國兩制」，就是「換一面旗幟」，

其他就照常運作了。事實上，在通過傳真機發指令的「倫敦決策、香港執行」的模式終結之後，香港的公務員體系明顯不適應，在決策能力和執行力等層面都展現幼嫩和不足。管治權的急速轉變，治港人才的儲備和培訓不足問題也隨之急劇暴露。尤其，對於殖民體系留下的管治體系全盤接受而未反思更談不上改革，施政效率遲緩低下的問題越發突出。

近期說吧，小小 750 萬人的防疫，與內地 14 億人的一比，差天共地；武漢 3 個月就解封，香港已經一年半羅湖還是水靜河飛。還有，最近暴露羅湖邊境殯葬城的問題，也是匪夷所思。香港公務員所謂「高效」的招牌，在朱總理批評時就丟掉了，也許在落實「一國兩制」2.0 版本之後，香港的治港班子，才會有一個飛躍。

其次，香港的資本家，也曾被賦予「港人治港」的厚望。因為相信工商界是資本主義社會的主體力量，而香港的工商界也總體上表現出愛國愛港的政治傾向。於是，在制度設計上，偏向倚重工商界，在立法會和行政會議都照顧工商界。

首任特首董建華也來自商界，他的家族做船務出身，而他的的確確是一個非常愛國愛港的人士。他執政之初就洞察到香港房屋問題是要害點，提出了「八萬五」的每年建屋計劃。不料內外形勢突變，香港先是受到國際金融風暴衝擊，接着「非典」、禽流感等連番肆虐，香港樓價大跌，出現大範圍「負資產」。於是，他為「地產黨」矛頭所指，換了個港英的舊電池曾蔭權上台。此人做特首 7 年沒有開闢一吋建房儲備土地。之後的特首，要填海也填不動。

這樣的政策取向，就是不斷向市場放出「土地房屋供應不足」的信號，英國人留下來的「地價樓價租金三高」的畸形現象不但

沒有糾正，反而高冠全球。大批在珠三角做工廠的港商全都撤回香港「炒樓」。地產商當然偷着樂，但是香港完了，陷入了嚴重結構性矛盾的陷阱之中而不能自拔。

筆者每每聽到歐美富豪大規模捐贈還富於社會時會感慨，香港的富豪還是處於熱衷原始積累的那一代。但是，你能怨那些從做「膠花」起家，一個一個銅板賺起來，也沒有受過甚麼現代文明教育的大老闆嗎？只是必須明白，香港當下資產階級原始性、幼稚性、過分逐利性，決定了他們治港只能是嚴重偏向本階層的利益，他們不是一個照顧香港整體利益的統治者。

也因此，嚴重影響到香港回歸後的「二次分配未解決」，成為了「一國兩制之痛」。實際上，在香港短視的、仍處於原始積累期的地產商把持下，二次分配不可能解決。港府衝不破制約，只有靠中央出手。相信在《香港國安法》和新選舉制度處理好後，中央必定要出手了。事實上中央也有香港的土地支配權。

第三，筆者一直在思考，上面說的兩個層次的問題，其實也未違背「愛國者治港」原則。香港公務員體系和工商界整體屬於「愛國者範疇」，也許假以時日，他們在治港中學習治港，從不懂到懂，終於在政治上成熟起來。但是，香港還有一個擺不脫的制約：香港不是世外桃源，更不是一個可以脫離百年大變局之下大博弈的世外桃源。

誠然，有一個採菊東籬下、悠然見南山的「世外桃源」，大概港人可以學會治港，可惜香港並不存在可以純粹的「港人治港」的環境。香港不是世外桃源，反而是美、英、台灣等「遏華亂中」的前線。殖民統治下，香港人「有自由沒民主」，然而過渡期港英

政府已開始「埋雷」，民主抗共是其中一招。而美國，在香港回歸前就加強在港部署，超級的總領事館不斷擴張，一方面接管英國留下的力量，一方面在香港種種社會界別精密部署和培植力量。從 2003 年反《基本法》第 23 條立法，直至 2019 年「黑暴」，CIA 在全球顏色革命的極致手段都在香港展現。拜登政府上任後不但繼承了特朗普的對港政策，而且還拉上歐洲、日本等國家公開干預香港內部事務。

2019 的「黑色暴亂」，雖然中央沒有派一兵一卒來港，基本由香港警察維持社會秩序，但是最終的「止暴制亂」以至政制的「由亂達治」，非中央出手不能成功。從確立《香港國安法》、DQ 4 名亂港立法會議員，直到完善選舉制度，徹底杜絕內外「反中亂港」勢力在香港特區權力架構中破壞的土壤和機會。這絕對不是任何一個香港人、任何一個香港的政治團體可以做到的。

回過頭來思考，也可以認為，回歸近 24 年始終未能完成《基本法》第 23 條立法，不能埋怨「港人」，非其不能乃勢所不能。以政治幼嫩的香港領導人，與霸凌的境外反對力量相比，是極不對稱的，只有強大的國家力量可以與之抗衡。

毫無疑問，在未來中美博弈的大變局中，香港依然處於前沿，未來的鬥爭依然激烈，時起時伏。愛國愛港的香港人，只有依靠國家，才能將「一國兩制」史無前例的偉大構想真正落實，使香港重新出發，以一個「嶄新的東方之珠」的姿態展現在 21 世紀。

劉瀾昌

（原刊於 2021 年 4 月 27 日）

目 錄

第三章　土地問題

第四章　粵港澳大灣區

第五章　對台關係

第一章

政治制度

「一國兩制」的實踐
和認識進入第二次飛躍

　　毛澤東在其偉大的哲學著作《實踐論》中指出，人們的認識運動，首先經歷由實踐到認識的過程，即在實踐基礎上從感性認識上升到理性認識，這是認識過程的第一次能動的飛躍；經過實踐得到的理性認識，還須再回到實踐中去，這是認識過程的第二次能動的飛躍，是更重要的飛躍。

　　「男子二十謂之弱冠」，國家主席習近平稱香港回歸 20 年，邁入成年階段。事實，這也是中央對於「一國兩制」的認識和實踐進入了成年階段。香港回歸 20 年的歷史進程，正是中央政府、特區政府以及各界人士對於「一國兩制」的實踐和認識，不斷的從感性認識上升到理性認識，再回到實踐的不斷實現兩個飛躍的過程，逐步深化逐步成熟的路程。事實上，要準確理解和描述「一國兩制」，不能忽視中國的執政黨中國共產黨，中共的歷史使命是要領導中國人民走社會主義道路。而「一國兩制」呢，則是走社會主義道路的中共，領導香港繼續實行原來的資本主義制度。這是歷史上從沒有過的，以至看來是「不可能」的社會制度安排。從提出之日起，就充分顯示其實踐的難度。習主席藉香港

回歸 20 年慶典，發表了一系列講話，總結過去，謀劃未來，為香港「一國兩制」的航船行穩致遠指明了航向，是香港各界都需要認真學習，深入領會。

筆者認為，過去 20 年，可以歸結為「一國兩制」實踐和認識的第一個階段，也可以從一個宏觀的觀察點而將其歸納為第一個飛躍的階段。在這第一個飛躍的階段，中央和特區政府對於在香港確立「一國兩制」制度的基本規律，已從感性認識上升到理性認識，總結出基本的原則。而下一個 10 年以至下一個 20 年，將是實踐和認識「一國兩制」規律的第二個飛躍的新階段。未來，對於在前 20 年得出的確立「一國兩制」制度的理性認識，需要回到實踐中去檢驗提高，實現更高層次的飛躍；同時，更為重要的是，要解決前 20 年尚未得到很好解決的問題，那就是「聚焦發展」的問題，實實在在使到「一國兩制」的航船行穩致遠。一言蔽之，就是在頭一個 20 年，完成第一件大事，就是確立「一國兩制」的制度；而未來要做的第二件大事，則是解決香港特區經濟發展和民生滯後的問題，實現新的飛躍。

平實而言，鄧小平提出「一國兩制」只是一個構想，一個頂層設計的框架，他既未能見證香港回歸祖國的偉大時刻，也未能參與「一國兩制」的具體實踐。不過，他的高瞻遠矚，一早確立的愛國者治港、相信港人有能力治港，以及駐軍、對於動亂要管等原則，被 20 年的實踐證明是有預見性的治港良策。但是，「一國兩制」的實踐是極其豐富的，也是極其複雜的。姜恩柱任第一任中聯辦主任時說過，「香港是一本難讀的書」。首任特首董建華近日透露，金融大鱷視港股為「提款機」時，他電請錢其琛從中央派人

來港助戰，錢其琛回答中央一定支持，但是不能派人來，因為「我們對香港認識不深，若我們派人來給香港各種錯誤的意見，大家都會後悔。」前兩年內地股市崩盤，「國家隊」護盤遠沒有香港反擊大鱷做得漂亮。事實證明，內地對於金融股市這些原本是資本市場的東西，認識還是不如香港。姜恩柱之後至今，北京明確提出了「全面管制權」的理論，變化不能說不大。梳理過去 20 年北京領導人的講話，可以看到中央對於「一國兩制」的認識和實踐也是一條從知之不多到知之較多，逐步深化逐步成熟的路程。

習近平主席「七一講話」指出：「回到祖國懷抱的香港已經融入中華民族偉大復興的壯闊征程。作為直轄於中央政府的一個特別行政區，香港從回歸之日起，重新納入國家治理體系。中央政府依照憲法和香港特別行政區《基本法》對香港實行管治，與之相應的特別行政區制度和體制得以確立」。

「香港從回歸之日起，重新納入國家治理體系」，是一個新的提法。事實上，回歸後十多年，香港作為獨立的關稅區，經濟發展是游離國家體系之外，直到「十二五」、「十三五」才原則提及港澳。如果，將「全面管制權」和「國家治理體系」聯繫來看，這其實應是描述國家和香港特區關係的兩個基本支點。

習近平主席「七一講話」，提出的第一條要求是：始終準確把握「一國」和「兩制」的關係。「一國」是根，根深才能葉茂；「一國」是本，本固才能枝榮。與此同時，在「一國」的基礎之上，「兩制」的關係應該也完全可以做到和諧相處、相互促進。要把堅持「一國」原則和尊重「兩制」差異、維護中央權力和保障香港特別行政區高度自治權、發揮祖國內地堅強後盾作用和提高香港自身

競爭力有機結合起來，任何時候都不能偏廢。就此，需要指出的是，許多港人包括建制派錯誤理解和使用「兩制」的概念，將「兩制」指為香港。事實上，「兩制」是指一國下實行兩種不同的制度，香港實行的是原來的資本主義制度；就香港而言，就是一種制度，資本主義制度。如果要通俗簡要稱呼香港的社會制度，只能說是「港制」而不是「兩制」。

習近平主席還要求按「憲法和《基本法》辦事」，將憲法和《基本法》兩法並提。他還明確劃出三條底線：任何危害國家主權安全、挑戰中央權力和香港特別行政區《基本法》權威、利用香港對內地進行滲透破壞的活動，都是對底線的觸碰，都是絕不能允許的。應該說，中央劃定的這些確保「一國兩制」實現的紅線，並不是空口說白話。鄧小平一早提出的「駐軍」是在政權層面作出強力安排，而年初習近平的力排眾議以釋法解決游梁港獨色彩的宣誓及其他議員的瀆誓問題，則是從法律層面着手。

這次事情的發生和發展，以至全國人大就此事件對宣誓作出釋法，以及香港各種政治力量對人大釋法的爭議，其實也正正是對挑戰三條紅線的一次較量。到底一個進入建制的立法會議員，對於國家，對於國家的執政者，對於國家憲法，對於特區政府和《基本法》，應持何種態度，底線何在？應該說，這次判決給出了一個清晰的答案。加上之前游蕙禎、梁頌恆的「DQ」，共有 6 名行為不端的反對派議員已被判喪失議席，雖然他們還在上訴或者可能上訴，但可以說這已使回歸以來那些粗暴肆意踐踏《基本法》、攻擊中央和特區政府的邪惡勢力，遭到一次滅頂的打擊；而真正信守國家憲法和《基本法》，正正當當落實「一國兩制」的

健康力量受到極大的鼓舞。

　　相信，經此一役，以後反對派藉立法會議員就職宣誓來攻擊中央政府和特區政府，肆意歪曲《基本法》的現象，會大大收斂。劉小麗式的「龜速」讀誓詞，梁國雄的攜帶其他政治宣傳品，姚松炎的亂改誓詞，羅冠聰的怪聲怪調讀誓詞，恐怕難有人再敢「照辦煮碗」。

　　本來，立法會就是特區建制的一部分，擔任立法會議員就是進入建制為香港人民服務，進行立法會議員就職宣誓就是其承諾遵守國家憲法和香港《基本法》，開始履行其為香港特區服務職責的開始，是一件極其嚴肅的事情，但是長期以來一些反對勢力錯誤判斷形勢，利令智昏，將宣誓作為肆意攻擊中央政府和特區政府的舞台，並且得逞，以至到去年的立法會就職宣誓出現「羣魔亂舞」的現象。事實上，除了游梁宣誓中公然為「港獨」張目，醜化中國人，以及這次也被「DQ」的4人，還有不少反對派議員未做到嚴肅宣誓。因此，對此「DQ」這一役，的的確確是對邪惡勢力的重錘一擊。

　　值得指出的是，全國人大就此對《基本法》第104條作出解釋，為這次正本清源提供了強而有力的法律依據。此項釋法，明確規定，宣誓必須符合法定的形式和內容要求。宣誓人必須真誠、莊重地進行宣誓，必須準確、完整、莊重地宣讀包括「擁護中華人民共和國香港特別行政區《基本法》，效忠中華人民共和國香港特別行政區」內容的法定誓言。宣誓人拒絕宣誓，即喪失就任該條所列相應公職的資格。宣誓人故意宣讀與法定誓言不一致的誓言或者以任何不真誠、不莊重的方式宣誓，也屬於拒絕宣

誓，所作宣誓無效，宣誓人即喪失就任該條所列相應公職的資格。

這次法官區慶祥的判決，就是以此強有力的法律依據而作出，即使再上訴，也無論上訴到那一級都會被駁回，因為都不可能違背人大的釋法。這也再次證明中央力排非議包括內部的不同意見而做出這次釋法，是正確的。若然，不作出這次釋法而僅僅依據香港原本的本地法律，則不會有這樣的效果，因為本地的原本有關宣誓的法例，並未如這次人大對立法會議員的宣誓作出如此詳盡的規定。而在去年立法會宣誓時，立法會主席即接受了這些人的宣誓及允許他們重誓。事實，這絕對不可接受。實際上，經此一役，不但規範了香港立法會議員的宣誓行為，同時也規定了他們作為一個特區立法會議員的行為準則。那些與台獨勾結，那些肆意進行顛覆內地政權的行為，絕對不允許的。應該說，這一役是對「一國兩制」的一次嚴肅的正本清源，也是中央政府和特區政府一次成功的依法治港。這次「DQ」案，充分表明中央治港已嫻熟的運用法律的武器。

習近平主席「七一講話」，還出人意外的指出現存問題，「香港維護國家主權、安全、發展利益的制度還需完善，對國家歷史、民族文化的教育宣傳有待加強，社會在一些重大政治法律問題上還缺乏共識，經濟發展也面臨不少挑戰，傳統優勢相對減弱，新的經濟增長點尚未形成，住房等民生問題比較突出」。有評論指，香港應該汗顏，「瓣瓣唔掂」。不過，筆者關注的是，習近平最後的落腳點是，「解決這些問題，滿足香港居民對美好生活的期待」。說一千道一萬，香港「一國兩制」的成功，難道最後不是以港人生活質素的極大提高來說話嗎？習近平主席提出「中國夢」，

在 2020 年國家全面進入小康社會，人均 GDP 比 2010 年翻一番，到本世紀中葉國家全面進入現代化社會，實現中華民族的偉大復興，其目的歸根結底就是滿足內地社會主義制度的人民對美好生活的追求。現在，這個宏偉的目標離實現處於最為接近的時期。還新提出香港要「維護國家發展利益」。同時，若然，香港終日糾纏於「泛政治化」的內耗，依然有不少人住「劏房」，香港不是輸了嗎？事實上，香港的「一國兩制」要行穩致遠，思想層面的工作是長期的，由於香港是從被英國人殖民了 150 多年的社會，一下子轉變為回歸祖國懷抱的社會，舊有的觀念改變需要一個較長的過程，加上由於實行「一國兩制」，香港特區政府沒有很好進行去殖民化工作，一些洋奴觀念也被視為「核心價值」得以保留。因此，香港人要完全做到思想意識上的回歸祖國，需要潛移默化，點滴做起，而最基本的一條，就是如習主席指出的，通過香港經濟發展、民生改善，使港人對「美好生活的期待」得到滿足，而逐步增加對回歸的認同，對國家和民族的認同和歸屬感。

因此，筆者認為，如果說過去 20 年是香港「一國兩制」制度的確立，那麼下一個 10 年、20 年香港應該是進入一大發展期，側重解決經濟發展和民生改善滯後的問題。習近平主席在「七一講話」就明確對香港提出，「始終聚焦發展這個第一要務」。聚焦發展，習主席放在了第三條，但是實質是「第一要務」，是「硬道理」。習主席諄諄教導香港人，發展是永恆的主題，是香港的立身之本，也是解決香港各種問題的金鑰匙。「一國兩制」構想提出的目的，一方面是以和平的方式對香港恢復行使主權，另一方面就是為了促進香港發展，保持香港國際金融、航運、貿易中心

地位。香港俗語說,「蘇州過後無艇搭」,大家一定要珍惜機遇、抓住機遇,把主要精力集中到搞建設、謀發展上來。

發展,本身就是「一國兩制」的應有之義。而事實上,回歸20年,香港在發展上滯後了,香港當下急切需要的是「追落後」,否則不但香港市民生活水準得不到提高,而且還會拖國家發展的後腿。而且要看到,香港經濟發展面臨的阻力,其實不比政治層面小,不比政改和23條立法小,因為,發展經濟改善民生,不但也要面對反對派的拉布等阻撓,也受到公務員官僚架構舊有漫長程序的拖沓和「卸膊」的官場作風影響,更加受到既得利益集團形形式式的「陰招」。就拿通過填海、開發郊野公園等手段,解決香港缺地這個關鍵性的癥結,目前就寸步難行。着實不易,需要新一屆政府拿出愚公移山的魄力,克難前進,在較短的時間取得實效。

筆者思考,既然香港「已經融入中華民族偉大復興的壯闊征程」,「重新納入國家治理體系」,香港要維護國家發展的利益,那麼,香港的經濟發展是否只是香港自己的事情,香港是否可以孤身奮戰就可以完成?過去20年的經驗尤其是解決香港缺地而造成「地價樓價租金三高」癥結無力的經驗,說明特區政府的管治能力與其必須完成的任務不相稱。若然特區政府力有不逮之時,中央和內地省市是否要出手相助?而回到頭20年總結的「全面管治權」的理論,是否也納入經濟發展內容,或者這是需要在第二個飛躍中解決。總之,香港發展滯後的問題不解決,「一國兩制」成功實施是大打折扣的。

（原刊於 2017 年 7 月《鏡報》）

「一國兩制」之痛：
「老細階級」縮骨

　　香港回歸進入了第 20 個年頭，也就是「一國兩制」的實施已經進入到第 20 個年頭。不過，無論是泛民還是建制派都不能不承認香港的政局還沒有進入健康、穩定而又成熟的常態。23 條立法未完成使到《基本法》的落實是「跛腳」的，是一個標誌；普選行政長官的政改夭折而普選立法會更是遙遙無期，又是一個標誌；即將舉行的新一屆立法會選舉，不但激進勢力更激而且出現打着「港獨」、「自決」等違背《基本法》政治訴求旗號參選的人士甚多的現象，更令人有倒退的感覺。

　　為甚麼會這樣，原因一定是多方面的，從不同的角度看有不同的結論。本文大膽提出一個看法：「一國兩制」之痛：「老細階級」縮骨。「老細階級」就是資產階級，其縮骨說的是，香港的資產階級也就是「老細階級」不能完成其對實施「一國兩制」的應有承擔，並使到代表自己的政治勢力不是不斷壯大從而成為穩定香港的重要支柱，反而是不斷萎縮，不斷縮頭，甚至在重大問題上沒有聲音的怪異局面。看看自由黨在回歸之初的輝煌到目前的困局，就不難理解到筆者這一論點。

香港實行「一國兩制」，本質就是不實行內地的社會主義制度，維持香港的資本主義制度；香港不是如中國憲法所規定實行中國共產黨領導，而是「港人治港，高度自治」。在這種條件下，香港的「主角」是誰？香港的統治主體和領導主體是誰？毫無疑問，是香港的資產階級。也許，有人不同意，認為香港是多元社會，有龐大的中產階級，也有龐大的勞工階層，還有知識分子、公務員、專業人士，諸如此類。但是，稍微懂得一些世界發展史的人，稍微了解一點當下美歐等成熟資本主義社會運作的人都會明白，在資本主義社會最有力量的是資本，主導這個社會的是資產階級，而其他都是次要力量，或者是依附在資產階級皮上的毛。

　　因此，奉行社會主義的中共的「初心」，對此有充分認識。北京對香港實行「一國兩制」的設計，其權力傳遞途徑是由中國共產黨到香港資產階級的代表和領袖，以及由他們主導的香港領導班子，或者說這是中共領導香港的資產階級實行對香港的管治。

　　所謂「中共領導資產階級」並不是新鮮事，也不是新概念。中共奪取政權的過程，毛澤東稱之為新民主主義革命，實質也就是中共領導的資產階級革命。孫中山創辦的後來蔣介石領導的國民黨的模式，是資產階級領導資產階級革命，結果國民黨輸給了共產黨，毛澤東認為中國的資產階級不成熟以致是軟弱的，所以這場資產階級革命需要由共產黨領導。對於鄧小平展開的改革開放，也有中共理論家認為是共產黨再次領導資本主義建設。因此，香港的「一國兩制」，是中共透過香港的資產階級管治，就一點也不奇怪。

　　只是，似乎香港的資產階級也是政治不成熟以致軟弱缺乏承

擔，未能完成歷史賦予的使命，以致回歸以來步履艱難，甚至出現忘記「初心」的傾向。所以，這也是「一國兩制」「初心」之痛。

對於中共透過香港「老細階級」管治香港，也許現在有人不信，這也是忘記「初心」的表現。其實，《基本法》的制定處處可以說明，《基本法》是確保香港實行資本主義制度執法，也是有利資產階級施政執法。為甚麼中共頂住壓力要設置「均衡參與」的原則，並堅持立法會設立功能組別，而且特首起初由選委會選舉產生，選委會組成尤其偏愛工商界等；首任行政長官還特地選擇董建華這個商家出任；行政會議延續港英的傳統，委任多名商界代表入局；同時，北京支持自由黨以及港進聯發展，視其為治港重要力量，都是這種「初心」之證。可是，港進聯早早關門，而自由黨由盛而衰甚至田少被全國政協除名，都是香港「老細階級」未能作出歷史擔當的一個例證。香港的「老細們」不能在立法會有數量眾多的直接代表，也不能間接影響其他階層的多數代表，那麼他們又如何去鞏固這個資本主義制度呢？

事實上，撇開個別人士不說，從宏觀的理論層面也可以看到香港資產階級缺乏領導力。

其一，回歸以來，香港的資產階級未能為香港經濟發展新的強勁的內生動力。香港上世紀起飛成為四小龍之一，重要的是香港的工商界搭上了三次全球產業轉移的「便車」。內地改革開放，香港資本大舉北上，「前店後廠」，以珠三角為腹地，也一度獲得大發展之計。但是，急於賺快錢，只重視房地產和短線加工業而不願投資高技術行業，使到香港不但失去龍頭地位，而且有被邊緣化之虞。而香港自身則由於「地價樓價租金三高」的結

構性矛盾，使產業空洞化，單一化。香港的工商大佬雖然坐擁巨額資金，但是缺乏對世界經濟潮流的把握，還是沉迷於地產，金融。尤其令人詬病的是，香港的大老細們回歸後財富都以幾何數字增長，但是如何回饋香港，如何想方設法加大投資尋找新產業則是無比乏力。當經濟領導力不濟之時，又如何有很強的政治領導力？

其二，在處理與其他階層矛盾時眼界短淺，只看眼前鼻尖下的利益，缺乏大局觀念，不肯蝕底，不懂得通過勞資和諧，社會和諧而營造有利的營商環境去謀取更大利益，不懂得香港整體好工商界才好的道理，在最低工資、低保、強積金對沖長期服務金方面，與勞方斤斤計較，與西方成熟的工商黨比較，完全是小兒科的角色。

其三，在重大問題往往做出錯誤抉擇。自由黨以及背後某些大老細在 23 條立法的關鍵時刻的不再多言。本屆政府的陳茂波不敢動郊野公園，始終不能解決土地供應短缺的問題，只能靠「辣招」壓樓價，實際上還是向大地產商屈服。而大地產商的短視，造成香港地產市場呆滯，反而獲利減退並影響到地產業對香港 GDP 的貢獻。全民退保本是富裕穩定社會的應有之義，但是林鄭亦屈服大商家擔心加稅的壓力。殊知林鄭等常批評的歐美社會福利，也正是西方成熟資本主義全局意識和善於讓步的表現。而香港的福利離他們的「過度福利」還差得遠。公務員之錯實際上是大老細無形之手之錯。

其四，商人本身任議員更是幼稚。香港的資產階級一天不能尋找代議士，就一天都稱不上成熟。

香港資產階級無承擔力，難道不是中共只能親自出手，尋找
「第二管治管道」的原因嗎？

（原刊於 2016 年 7 月 8 日《明報》）

「一國兩制」最痛：
二次分配未解決

　　新一任特首競選不久即將進行，有意問鼎者已經躍躍欲試，諸如「雙曾」，林鄭，據說還有梁錦松，自然梁振英也會尋求連任。欲問鼎新特首，當然都會自視為治港英才。但是，誰能說清當下香港問題的癥結呢？

　　港獨，無疑是當下香港政局的一個焦點，不但是立法會選舉的一個主要議題，而且選舉結束後還將繼續抗爭，司法覆核的司法覆核，街頭抗議的街頭抗議，梁天琦還說要「革命」，讓港獨進入校園。而新一屆立法會格局也不會大變，以拉布等手法癱瘓議事會繼續是家常便飯。有人說，回歸以來的政局混亂，是因為「四大缺失」：輿論、法律、教育、青年。

　　這是政治層面的觀察，也是符合實際的。但是，筆者也看到一組數據：2015/16 學年，教育局用於內地交流計劃，為大中小學生花了 8 000 多萬元，讓 6 萬多名學生接觸內地。另外，內地和民間亦為此花費大量資源。但是，結果如何？中大近日的民調指，只有不足七成受訪者支持香港「維持一國兩制」，15 至 24 歲組別更有近四成支持港獨。那麼，新特首未來還是否這般投放資源？

筆者很長時間受鄧小平「發展是硬道理」的深刻影響，以為香港的政治問題歸根結底是經濟問題。筆者曾服務的亞視，回歸前新入職的記者月薪 1 萬元，20 年後，亞視停止播出時新入職的記者還是拿這份糧，完全沒有改變。自然，亞視不一定是有普遍意義的例子。但是，大家都可以看到，旺角暴動的年輕人不會是有樓有車的半山貴族。事實是，回歸近 20 年，羅湖橋那邊的生活水準不斷上台階，而香港人普遍並沒有強烈感到，回歸祖國給他們帶來顯著的切身利益上的變化。中共鬧革命，給農民分得土地，於是農民支援解放軍打敗蔣介石。鄧小平改革開放，使中國經濟發展成為世界第二，人民就擁護鄧小平的路線，極左派想走回頭路絕對不可能。香港回歸的「四大缺失」，其實歸根結底都可以從經濟發展未如意找到根源。當下的青年人若然不「望樓興歎」，又怎會積蓄憤懣，並派生「本土」、「自決」以致港獨的思潮。因此，筆者的結論是，香港回歸不能給港人增加切身利益，空喊再多口號也不能使他們增加對國家的認同感。

　　不過，不久前在編著《十三五與香港》一書時，廣州暨南大學港澳所封小雲教授說，你錯了。問題根源不再經濟發展，而在於二次分配。她推薦讀法國皮凱蒂的新著《21 世紀資本論》。讀完，筆者知道錯了，明白香港的當下解決二次分配的問題，比着力發展經濟更為重要。港府對發展經濟其實做不了甚麼，但是二次分配就不能不做。香港回歸近 20 年來的問題固然經濟發展不如意是一個層面的癥結。而更深入層面的癥結，應該追究到「二次分配未」解決之上，這是「一國兩制」之最痛。

　　筆者相信，新特首不讀《21 世紀資本論》就不要嘗試管治香

港，未來不論誰當特首，即使是泛民人士，也都要用《21 世紀資本論》這個敲門磚，去碰「二次分配」這堵牆。

《21 世紀資本論》越來越引起全球的注意，有人認為這是 21 世紀最偉大的政治經濟學巨著，在好多方面超過馬克思的《資本論》。筆者認為，首先在實證方面超過馬克思。馬克思的《資本論》更多的是邏輯推理，而皮凱蒂收集了全球 18 世紀以來的資本變化，着重介紹了英國、法國、德國和美國的案例，主要分析了 21 世紀全球範圍內國民收入在勞動和資本之間的分配情況。在這個基礎上，作者得出結論：一、資本收益率遠遠高於勞動工資收入；二、資本收益率顯著高於經濟增長率是一切不平等的根源。他說，金融危機之後，歐美經濟的低迷反而使得前 1% 的高收入羣體擁有了更大的國民財富就是證明；三、他沒有如馬克思提出以革命解決各國，包括中國在內的財富不等的矛盾，而是對政府的調節抱有高期望，甚至提出實施全球累進資本稅的政策建議。

事實上，香港也未能逃過《21 世紀資本論》的解剖刀。回歸近 20 年，香港的經濟沒有顯著的發展，香港多數人的財富沒有顯著增長，但是香港半山的一羣的財富則是以幾何級數增長。這些數字，隨便翻公司年報可以看到。有人說，不少 AO 也是財富急速增長的一羣，因為他們較易得到貸款，也較早知道政府的政策，因此及時入貨。這也印證了資本收益遠遠大於勞動收入，並造成貧富差距不是縮小而是日益擴大的結論。顯然，香港的經濟再高速發展，也不會縮小貧富差距而是更擴大貧富差距。問題是，我們不斷聽到政府官員反反覆覆重複的一種論調，就是說人

家歐洲的國家搞福利主義，養懶人，導致政府財政入不敷出，甚至崩潰。但是，他們有沒有試圖從正面去思考一下，人家整個福利政策是如何發展過來的，為何還要繼續實施，而且認為面對財富分配不平等繼續擴大的時候，還是要發揮政府二次分配的調節功能呢？

香港是發達地區貧富懸殊最嚴重的城市，堅尼系數長期以來都超過 0.5，高於 0.4 警戒線。解決矛盾，當然不能搞革命，也不能搞內地的社會主義。那怎麼辦？無可否認，政府有為最低收入羣體提供生活安全網。但是，可怕的是，政府官員的主流觀念以為這就夠了，而不是與時俱進的思考，採取更加積極有效的措施緩和貧富矛盾。李嘉誠表示可以抽多一至二個百分點利得稅，使窮人受惠。政府發言人第一反應則指，簡單稅制和低稅率是香港賴以成功的基石。還有，林鄭對於全民退保的守舊立場，傷了太多中產的心。她若做特首，會在這上面撞板。須知，得中產得香港。

(原刊於 2016 年 8 月 13 日《明報》)

「迷失的 20 年」
與香港制度優勢弱化

　　香港回歸 20 年，到了一個重要的十字路口，行政主導和民主，判定標準只有一個，是否有效正確施政，最後達致繁榮穩定。政治過「熱」，經濟過「冷」，也許是香港回歸這 20 年來的一大特徵。香港回歸的這 20 年，恰恰是內地經濟高速發展的 20 年。但由於香港長期受困於政治爭拗，本應發展得更快的香港卻慢了下來，甚至可以說，香港失去了過去 20 年的大好發展機遇。

　　香港優勢弱化有如下表現：

　　第一，地理劣勢越來越顯現，使到香港航運、物流、客運在大灣區的領先地位不斷下降。

　　2016 年，香港貨櫃輸送量已被青島港超越，排名跌至全球第六位。在 2004 年之前，香港貨櫃運輸量一直雄踞世界第一，之後連續被上海、新加坡超越。近年更是連年下跌，逐年被深圳港、寧波港、青島港超過。香港業界人士坦言，「香港跌出三甲後，排名已不再重要。」香港政府並因此否決了建造十號貨櫃碼頭。

　　事實上，香港被超越，並不是自己保持原先的貨運量而人家

增長了，傷心的是自己不斷下降。2015 年世界前五大最繁忙港口當中，唯獨香港連續十年下滑，上海、深圳、新加坡、寧波都大幅增長。據香港統計處資料，2015 年香港港口貨物輸送量下跌 13.8%。德意志銀行預測，未來十年香港港口貨物輸送量將下降一半。香港其他行業，也都遇到類似的挑戰。

雖然，目前香港貨櫃碼頭還有足夠能力處理現今各種類型的貨櫃船，包括超大型貨櫃船，而且香港貨櫃業在各相關配套，包括海港管理、基建、物流、清關安排，以至法律、仲裁、保險等依然保持一定的競爭力。但是，如果內地的自由貿易試驗區爭取放寬國家沿海運輸權法規，允許外輪在內地港口開展中轉業務成功，原本掛靠香港的船舶將可能轉移到內地，那麼，香港的接貨量還要進一步下降。

在此，香港原來最靠出海口的地理優勢，變為了劣勢，因為貨運的「就近原則」，香港的貨運必然被深圳港、廣州港、高欄港、中山港、湛江港、汕頭港、海口港等大灣區內的港口不斷分薄。至於空中客運和貨運也是同樣的命運。香港在這方面的努力，只是延緩下降的進程而不能改變這個趨勢。

第二，香港原來的「獨有行業」被紛紛打破，不再「獨有」。

例如，在大灣區內，深圳股市的崛起壯大，打破了香港聯交所的獨有生意。而前海、橫琴和南沙三個自由貿易區金融業的發展，也不斷分薄香港各類金融機構的業務。而且，這三個自由貿易區打正旗號的「港貨」生意，以及無限增長的免稅商品生意，必然不斷蠶食香港這「購物天堂」。香港「自由行」熱潮的急速消退，與此有着重要的因果關係。

第三，香港生產效能下降，重大工程嚴重延期。

香港過往以效率高著稱於世。但是近幾年來的重大工程都嚴重延誤，不但島內的公路鐵路工程延誤，包括高鐵和港珠澳大橋香港段工程拖延是以年計，使到廣東方面的相關工程也受到影響，更為主要的是香港的金字招牌蒙灰，影響到香港和內地未來的工程及其他方面的合作。

第四，香港在短期內還找不到經濟發展強勁的內生動力。

香港上世紀起飛成為四小龍之一，首先是搭上三次全球產業轉移的「便車」，包括 19 世紀 60 年代，發達國家轉移勞動密集型的產業；19 世紀 70 年代兩次「石油危機」促使美日也轉移資本密集型產業；19 世紀 80 年代，科技革命使發達國家繼續轉移勞動和資本密集型產業。香港在這三次轉移鏈條中都處在靠前的位置。其次，中國的改革開放，更是給予了香港如特首梁振英所說的「超級聯繫人」的地位與發展的機會。但是，隨着大灣區各個城市的發展，內地經貿依賴香港的情形甚至產生質的變化，不但眾多的經貿活動都可以繞過香港。而香港自身則由於「地價樓價租金三高」的結構性矛盾，使到產業空洞化，單一化，金融、地產、進出口貿易和旅遊等。這四大板塊的產值佔了香港 GDP 的半壁江山。而在高科技產業，香港完全空白。原來一度異常繁榮的影視產業亦江河日下，被視為香港衰敗的象徵。雖然，香港還是屢屢在經濟自由度排列前位，但是競爭力確實乏善可陳。最要命的是，這些經濟上的結構性矛盾，不是短期可以解決，致使人們看不到香港的經濟前景。

第五，二次分配不暢，社會矛盾激化。

香港回歸以來港人生活水準沒有明顯提高。政府數據表明，從 2003 年到 2013 年，香港實際 GDP 增長了 55.6%，而從業者的薪金並沒有明顯提高。香港每月就業收入中位數僅從 1 萬港元增加到 1.3 萬港元，折合年增長率不足 3%。同時，由於經濟發展遲緩，使到社會矛盾積累並且激化，首先是購房難，年輕人安居置業艱難。以 2003 年作為基數，香港私人樓宇單位的售價到 2013 年時上漲了 4 倍，而同期私人樓宇的租金也相當於 2003 年時候的 2.09 倍。2016 年的政府調查，香港家庭收入中位數有提高，但是，樓價的升幅更為凌厲。其次，作為發達經濟體中唯一沒有全民退休保障制度的地區，長者貧困也正在成為香港的重要問題。據 2012 年的相關統計數據顯示，香港有接近 30 萬的長者生活於低收入家庭，佔整體長者人口的 32.6%，預計貧困長者的數量將上升到 2039 年時候的 71 萬。其次，香港的大學升學率之低，在發達經濟體中也堪稱罕見。適齡青年升學率僅三成左右。還有，醫療供應不足，2003 年到 2013 年，香港醫療機構病牀數從每千人 5.3 張下降到 5.1 張。由於政府二次分配不力，基層生活水準之下徘徊，更與富裕階層的財富效應和累積成鮮明對照，造成貧富懸殊激化，社會怨氣上升，反過來阻礙政府正常施政，也影響經濟發展，形成惡性循環。

第六、「泛政治化」現象延續不止。

香港政治環境惡化，其實不在於某些人提出激烈的本土，港獨等回歸以來首次出現的反回歸反「一國兩制」的口號，而是在於愛國愛港者處於弱勢的狀態不是短期內可以改變。而目前較為突出的青年，教育，法律和媒體界的問題，更是一個系統工程，

不是三五年就有可觀的改變。由於香港回歸實行「一國兩制，港人治港」，沒有實行「去殖民化」，這一結構性問題的存在決定了香港大多數人認同國家認同民族，可能是一兩代人的事情。

而經濟問題，也被各種勢力作為反政府的政治工具。對於香港近年來越演越烈的「拉布」，稍有理性的市民都深惡痛絕，但是也必須看到這種鬥爭不是短期內可以解決的，有關方面必須認真思索對策，給予有力的反制。高鐵近期撥款通過，雖然並不完美，但是也是一個鼓勵。還有，反水貨的行動傷了內地人的心，既要有力反對這種挑撥兩地矛盾的行為，政府也要有效管理內地遊客來港的秩序，盡力減輕對市民的騷擾。

特別指出的是，近年來，香港「本土主義」抬頭，香港政府也提出「港人優先」的政策。筆者以為，在使用這些概念的時候都要小心翼翼。因為，這些概念都容易被有心人向阻礙兩地融合方向發展，成為開創粵港澳大灣區的阻力。本來，所謂本土就是一種鄉情，不應有利益取態。香港本土，應該是鄉情本土，理性本土，不但不應是激進本土，暴力本土，革命本土，獨立本土等，而且不應是香港與內地族羣的區分，而香港政府過分強調香港人優先，有意無意也對內地人作出族羣的區分，對香港與內地融合有害無益。

第七，香港工商界缺乏領導力。

香港保留原來的資本主義制度，也就是說香港的資產階級要在政治經濟各個層面發揮領導和主導作用，但是，香港的工商界還是繼承了中國資產階級軟弱、胸懷不寬、眼界低、政治能力弱的特點，很難擔負其歷史使命。其表現，一是代表工商界的自由

黨發展每況愈下，立法會議員越來越少，其提出的各項政策沒有香港的大局觀，而且左搖右擺。二是香港的工商界眼界淺，只看眼前鼻尖下的利益，不懂得通過勞資和諧、社會和諧而營造有利的營商環境去謀取更大利益，不懂得香港整體好工商界才好的道理，在最低工資、低保、強積金對沖長期服務金方面，與勞方斤斤計較，與西方成熟的工商黨比較，完全是小兒科的角色。

再者，香港的工商大佬雖然坐擁巨額資金，但是缺乏對世界經濟潮流的把握，還是沉迷於地產，股市等方面，不能創造香港的新生生產力。這一問題，也不是短期可以解決。倒是，一些內地企業將互聯網＋等概念帶來香港。

第八，政府政治和經濟管理能力弱化，不及殖民政府。

特區政府目前面臨反對派惡性杯葛的局面，立法會的制度也不能阻止非理性「拉布」。董建華近期的一個演講指出，由於香港現行的體制，導致三任行政長官都因為「手中無票」，無法落實「行政主導」。相信，林鄭月娥當選新一屆行政長官，也將面對施政困難的局面也。

還有，政府某些部門陳舊的不干預經濟理念及保守的理財哲學，頑固的並繼續以合理的面目存在。回歸之前的過渡期，港英政府對經濟發展基本處於袖手旁觀的角色。香港回歸之初，特區政府受港英遺留的所謂「積極不干預」的理念影響，對兩地的經貿合作及各方面的交流也採取了「無為而治」的做法，只是繼續由商界以民間和自發的方式進行，這在當時的條件下，也許差強人意。但是，在香港回歸已經快19年的今天，特別是隨着國家已經成為世界第二大經濟體之後，這種陳舊保守的模式，顯然

就不能適應時代的發展需要，更不能幫助香港抓住難得的歷史機遇，奠定長期繁榮穩定的堅實基礎。

另外，香港目前還是世界最有錢的政府，但不是最善於使錢而刺激經濟發展的政府。踏入 2016 年，有大商人說是 20 年來最差的年頭，但是香港政府未能積極地運用財政、貨幣等手段，主動用錢刺激經濟發展。

本來，香港有全世界品質最好的奶粉，其秘訣在於香港市場高度開放，香港奶粉的高品質和低價格都是市場開放的產物。本來內地人來港購買奶粉及水貨客帶奶粉，都不會破壞這樣的格局。但是，據悉某些奶粉供應商一時貪心，利用春節期間的購買旺季，囤積抬價，結果影響到香港本地平價名牌奶粉供應緊張。於是在以挑動內地和香港矛盾為己任的政客推波助瀾下，有人建議政府像澳門那樣由政府出面保證本地充足供應，香港政府沒有接受而採用「限奶令」。痛惜香港自由港政策受到侵蝕的港商說，全世界的海關一般是「管進不管出」，自由港的香港反而要管制奶粉過境，反常了。

至於香港土地短缺的癥結，外人都不明白香港政府為甚麼不能解決。唯一的是採取辣招壓抑飆升的樓價。目前，香港居住房屋只佔香港總面積的百分之四，香港郊野公園加其他綠化地、棕地還有百分之六十以上。況且，香港四面環海，還可以填海造地。

第九，一言蔽之，「制度優勢」弱化。

這裏指的不是資本主義制度與社會主義制度的比較，而是說，從上面各種弱勢現象的呈現，可以歸因到香港制度結構問題上。香港作為一個細小的經濟體，原來的許多優勢是建基於內地

的落後之上，當內地剛上來之後，即優勢不再。其次，香港的一些固有的制度優勢，例如自由港和股市等，很多方面也被內地模仿而不再為獨有的優勢。在此消彼長之下，香港固有的劣勢相對突顯，尤其是細小經濟體的脆弱性，迴旋空間小，政府主導能力差，都歷歷在目。

（原刊於 2017 年 5 月 19 日《明報》）

「一國兩制」是港人最大公約數

　　香港政局過了 2019 年 8 月 5 至 10 日這週，許多人都認為形勢在轉彎。北京人的話是「過了拐點」，港人的話是「過咗轉角」。不同語系不但發音不同，實際政治座標也有差異。筆者以為，主要觀察點是大地產商也出來「止暴制亂」，「一國兩制」可以繼續行下去。自然，未來的「一國兩制」與之前的「一國兩制」，會有更多不同，但至少還是保留香港原來的制度優勢。

　　北京語系認為政局過了拐點，是 8 月 7 日港澳辦主任張曉明聯同中聯辦主任王志民會見建制派 500 多名頭面人物，傳達中央四點非常明確的信號。第一，止暴制亂，恢復秩序，認為香港正面臨回歸以來最嚴峻局面。修例事件已變質，帶有明顯的「顏色革命」特徵；第二，明確挺警隊、挺特首林鄭月娥；第三，呼籲愛國愛港力量及「沉默大多數」要積極行動起來向暴力說不，以正壓邪；第四，表明如果香港局勢進一步惡化，中央絕不會坐視不管，且中央有足夠多的辦法、足夠強大的力量迅速平息動亂。

　　事實上，站在北京語系看局勢，這四點也不是最重要的。最主要的是港澳辦主任露面了。這是張曉明在 5、6 月修例風波以來，最大型地會見香港建制派。為甚麼之前沒有，直到此時才出頭？筆者相信是等待時機，等待這個拐點。同時，北京統一了思

想，堅決「挺林鄭」。林鄭的去留是政局一個焦點，圍繞其去留不斷有各類傳聞，甚至有指其放大假的偽冒政府新聞處稿件。在張曉明深圳行之前，港澳辦發言人楊光即在開場白上表明：「在此，我必須十分清楚地指出，中央對林鄭月娥行政長官的支持是堅定不移、毫不動搖的。反對派逼迫林鄭月娥行政長官辭職的企圖注定不能得逞！」這話，與其說是說給反對派聽，不如說是說給建制派聽。因為，「禍是她闖的，下台以緩解民怨」，相信這種建言也擺在最高層桌面並反覆權衡利弊。

經過兩個月糾結，尤其是政局的「質變」，相信中央既清楚對家目的——以林鄭已宣佈修例壽終正寢之後的不合作及暴力運動有一個可以交代的「成果」——也清楚建制派這一邊內部矛盾鬥爭也異常激烈，實際上覬覦這個香港老大位置的大有人在；同時，特首的權力也決定了香港下一步的政策大調整——加速填海造地遏抑樓價，必然涉及大地產商的重大利益。故此，8月6日港澳辦記者會實際傳達了習近平堅決挺林鄭的決策，以首先穩定特首作為穩定香港政局的抓手，排除了讓她下台完全負起修例的責任，然後由新特首組新班子重新開局的方案。於是林鄭也振奮起來，落區視察街市和受破壞的警隊宿舍，並提前讓行政會議復會。

古今中外所有政治運動，其實鬥的就是少犯錯誤。博弈雙方都不可能不犯錯誤，只是比誰犯的錯誤少、不犯方向性的大錯誤。香港許多資深的民主運動人士應該了解中共的政治經驗，且不說毛澤東反右等待「事情發生了變化」，也不說佔中汲取六四教訓等了79天。不過，這是史無前例的反對運動——「無大台」。

「無大台」就是無領導，就是烏合之眾。也許有無形之手操縱，但這隻無形之手並不是真心求香港民主運動，只是為了「亂港制中」，而且是不擇手段，甚至攻擊警員宿舍和破壞 200 組交通燈。如果有「如果」，6 月 9 日大遊行後反對運動堅持和平、理性、非暴力，那麼林鄭和很多人都不在台上了。

事實上筆者判斷，早前有三件事說明反對運動敗局已定。其一，8 月 5 日全港「罷工罷課罷市」，其實沒有多少人響應。本來這是和平抗爭，最有政治殺傷力，但做不到反而要堵車堵路，甚至惡待不同意見的市民，累積更多不滿。其二，竟然有抗爭者開記者會都戴黑口罩，這怎麼令市民相信其正義和有正當性？其三，暴力越來越升級，而且斗膽敢叫「光復香港，時代革命」，但是無人認頭，豈不悲哉！香港民主運動被港獨和暴力騎劫了，必定沒有出路。

說回用香港語系看政局「轉角」。最重要的不是北大人說話，而是大老闆「出頭」了，8 月 8 日 17 家香港最大的地產商聯署聲明反對暴力。而之前他們都保持緘默甚至「快閃」，避而不答。固然，大老闆出聲有北京壓力的因素，但更重要是來自他們對局勢敏銳的判斷。「春江水暖鴨先知」，資本、生意、情報、人脈，決定他們比在社交媒體打混之人深諳政情。之前緘默，是「未睇定」；如今發聲，則知轉角。而且，目下的轉角可能是一個大轉角，不但是當下的政局穩定，而且是未來香港政經大政方針都有意想不到的大變化。

事實上，重要的問題不是在暴力，而是為甚麼有暴力，是誰推動暴力？大家都看到，警方已在荃灣德士古道隆盛工廠大廈搗

破一個武器及炸藥庫，檢獲一批 TATP 烈性炸藥、燃燒彈、刀及彈叉等武器，當場拘捕「港獨」組織「香港民族陣線」成員盧溢燊，其後再拘捕「香港獨立聯盟」成員鄧梓聰，並在機場截獲欲逃往台灣的另一陳姓同案疑犯。事實表明，香港的的確確存在爆發大規模流血的危機。香港人口高度密集，而衝突事件現又往往發生在鐵路站內、車廂內，一旦有爆炸發生，不堪設想。根據國際間「顏色革命」的套路，必然要走到流血衝突這一步。已破獲的這個別的港獨組織武器庫可見，不惜製造流血事件已在他們計劃之中。

筆者相信，絕大多數示威者是希望香港更民主、更繁榮，而不是要「打爛香港」。但是有三種勢力，香港愈爛可能是獲利愈多的。第一，就是大陸逃到香港和美國等地的大經濟罪犯。他們可說是《逃犯條例》修訂「壽終正寢」的直接得益者。北京公安部公開表示過，這些人有名有姓的就有數百人，其捲走的國家資金龐大得驚人。相信，很多人都看到了大陸通緝犯郭文貴和梁頌恆的對話視頻，郭文貴是赤裸裸地說要「資助」暴力行動。筆者相信，港人怎會要保護這些大陸通緝犯？可是，客觀上他們這一回得逞了。香港可不是他們的家，香港打得愈爛，他們認為對北京壓力愈大，他們笑得愈開心。

第二，台獨勢力也是香港亂局的另一個直接得益者。善良的港人應這樣思考：誰是香港亂局的得益者，誰就是搞亂香港的另一個黑手。可以說，對於香港之亂，他們也好像沒有底線的。台獨勢力的盤算是，香港之亂一是證明「一國兩制」不可行，他們反對「一國兩制」就有了事實根據。二是，香港是中國的不可替

代的金融中心，香港愈爛，直接削弱中國大陸實力，減輕對台灣壓力；至於生活在這裏的 700 萬港人的福祉，並不在他們考慮之中。因此，台獨勢力也是一個亂香港而無底線的黑手。

第三，自然是美國及其追隨者英國。當下一切，都需放在中美兩個大國的博弈大背景下觀察。美國是將香港作為一張牌來打。美英對港事務干預太多了，不需在此一一枚舉，以致北京外交部都公開要求其收回「黑手」。只不過，美英恐怕還是有些底線，至少美英商人和美國中情局的想法不一定完全一致。2017年美國在港直接投資逾 810 億美元；香港是美國賺取最高貿易順差的單一經濟體系，2017 年為 345 億美元；在港運作的美國公司逾 1 300 家，其中有 283 個地區總部和 443 個地區辦公室，數目為全球各國或地區中最多。英國在港利益更加不用說了，港人都心知肚明。故此，筆者有個期望，也許幼稚，那就是美英商家到了這個危機關頭，也應出來說話了。一拍兩散，對大家都沒好處。

無論如何，「一國兩制」是全體港人包括有錢人、中產和草根，也不管是建制和泛民之利益所在。「一國兩制」是港人的最好安排，「一國兩制」是港人最大公約數，也是當下治亂的圭臬。因此，得利最大的是商家，最應該站出來止暴制亂。還有在泛民裏有影響力的人士，也應知道底線在哪裏，不敢與暴力切割也要切割，「一國兩制」都沒有了，你們還有甚麼，還要那些選票幹甚麼？

（原刊於 2019 年 7 月 29 日《思考香港》）

「一國兩制」行穩致遠
須築牢社會政治基礎

澳門回歸 20 週年喜慶，與香港依然須將止暴制亂放在首位，形成鮮明的對照。從香港看，可成了一件充滿羨慕和懊悔之事。澳門回歸前經濟不景，連續三年負增長，與香港收入差距很大，樓價也是香港的一半不到。有人勸筆者也到澳門輕鬆置業，並可成為澳門居民。但是，澳門不但經濟出路窄，而且治安極端惡劣，那時幾乎天天都有摩托車被燒，黑社會喊打喊殺、根本沒有將葡國的警察放在眼裏，誰敢將錢扔到這個動盪不安的小賭城？可是，如今港澳的對比是反了過來。澳門蒸蒸日上，澳門市民既有澳門政府的大紅包，更有中央政府支援澳門經濟多元化發展的大禮；香港呢，則還是暴亂不止，今年經濟負增長政府財政出現赤字基本定局，香港要重回正軌都不是易事，更遑論跟上國家發展大灣區及實現中華民族偉大復興的中國夢的步伐。

在這一前一後的兩幅強烈對比的畫圖前，必然令人思緒萬千。筆者想，深層次思考，港澳的對比正正是總結實踐「一國兩制」經驗教訓的好課堂。國家主席習近平認為澳門地方雖小，但在「一國兩制」實踐中作用獨特，總結澳門「一國兩制」成功實

踐，可以獲得以下四點重要經驗。第一，始終堅定「一國兩制」制度自信；第二，始終準確把握「一國兩制」正確方向；第三，始終強化「一國兩制」的使命擔當；第四，始終築牢「一國兩制」社會政治基礎。對比香港，筆者感受最深的是，澳門市民在國家認同感、歸屬感和民族自豪感方面遠遠強於香港，澳門堅決落實以愛國者為主體的「澳人治澳」，特別行政區政權機關均以愛國者為主組成，愛國愛澳力量日益發展壯大，愛國愛澳核心價值在澳門社會居於主導地位。在行政長官親自領導、政府部門切實履職、社會各界共同參與下，澳門各類學校的愛國主義教育有聲有色，國家意識和愛國精神在青少年心田中深深扎根。這的確是「一國兩制」在澳門成功實踐的最重要原因。事實上，有了強大的愛國愛澳社會政治基礎，堅定「一國兩制」制度自信，準確把握「一國兩制」正確方向，始終強化「一國兩制」的使命擔當等三個領域的工作，也都水到渠成。

故此，習主席藉澳門回歸 20 週年慶典，首次提出「一國兩制」的社會政治基礎的概念和課題，是值得香港人深思，也是值得台灣人深思。筆者認為，對於「一國兩制」的偉大事業，如何牢牢打好社會政治基礎，是千秋萬代的方向性工作。

應該承認，香港回歸在前，澳門在後，澳門較易吸取香港的教訓。例如，香港《基本法》對於香港人的定義有不嚴密之處，致使香港終審法院 1999 年就居港權案判決過於寬鬆，給香港帶來可能數以百萬計的人口壓力，全國人大常委會不得不終於第一次釋法，說明即使是香港永久性居民在中國大陸所生的中國籍子女，進入香港前也要得到中國大陸方面的審批；而所謂香港永久

性居民在香港以外所生的子女，是指出生時父或母已經符合香港永久性居民的規定。之後，澳門基本法便吸取經驗，對澳人的定義較為周延。事實上，澳門對維護國家安全，以及特首選舉的立法，也都因為是後手可吸取香港的經驗。

但是，澳門在回歸後實踐「一國兩制」做得好，也不是因為事事在後吸取教訓，他們本身更主要是在把握「立一國之本，揚兩國之利」這個根本原則上，在築牢「一國兩制」社會政治基礎上，確實很多方面都走在了香港前面。事實上，對國家和民族的認同感不是自發產生的，澳門和香港一樣都有「去殖民化」的艱難工作要做。對比之下，高下可見。香港這次動亂中有 6 000 多人被拘捕，其中大部分是年輕人，大中學生佔了四成多，而且有 80 多名教師或教學助理被拘，不得不承認香港的教育是出了問題。尤其是相當部分回歸後才出生的年輕人，竟然舉起美國旗、英國旗、崇美、崇英而不認同自己是中國人。對此，澳門的青少年會和珠三角的同齡人一樣感到不可思議。

筆者到澳門參加研討會時得知，澳門回歸後構築了一個多元立體的愛國主義教育體系。2006 年澳門制定《非高等教育制度綱要法》，從法律上確立愛國主義教育目的，組織編寫適應澳門區情、適合澳門青少年教材，並與內地合編教材推廣使用。在 2007 年開始，規定初中二年級的學生都要參加一期「國防教育營」。這種類似內地學軍的活動，是移步到鄰近的中山市國防教育基地進行，大大增強了澳門學子的愛國和國防意識，也提高了紀律性磨煉了意志。十多年來，這也成為澳門愛國愛澳教育的品牌。澳門教育局還通過教育發展基金資助教師和學生到內地考

察，每年全澳 73 所中小學都會有近百個團約 5 000 名師生參加。澳門還設立「青年教師中華傳統文化及國情教育計劃」，以活潑生動的形式提高他們的民族國家認同感。另外，澳門還設立基金資助澳門幼兒在鄰近內地城市受教育。也許，澳門的教育形式香港未必可以照搬，但是澳門教育界重視回歸後去殖民意識教育的精神則是香港所缺乏的。尤其需要譴責的是，香港回歸以來不少老師不但沒有對學生進行正當的國民教育，而且自身對中國歷史對中國共產黨知之甚少，更多接受西方社會對我國及執政黨污名化宣傳，並對學生的教育扭曲事實，破壞尤深。

漫步澳門街頭，遊人可隨時感受到澳門人愉快的情緒。澳門人回歸後的收入水平是芝麻開花節節高，增長幅度超越香港。一句話，澳門人的獲得感和幸福感，超越了香港。香港這次發生暴亂激烈程度高持續時間長，原因是複雜的，多方面的，有國際和台灣的背景，但是各種的外因都是透過內因起作用的。內因是甚麼？筆者認為，基礎性的因素是香港一般市民尤其是青年回歸後的獲得感不強，反而是受到樓價高得無法接受以及向上流動的機會渺茫的雙重煎熬。加上，香港長期國民教育的薄弱，助長這種不滿情緒的累積及疊加，自然容易受到反華抗中以至分離主義思潮唆擺，而走上街頭成為反對力量以至發展到暴力破壞行為。

值得強調的是，強化「一國兩制」的社會政治基礎，需要有厚實的物質基礎，否則教育成為空頭政治，空泛化。澳門的「一國兩制」社會政治基礎強，很重要的方面，就是澳門市民回歸之後獲得感強。澳門回歸 20 年，是歷史上發展最快最好的時期。澳門經濟總量增長了 7 倍半；財政收入增長了 7 倍；人均 GDP

達到 8 萬多美元，僅次於全球最富的盧森堡，在亞洲則是數第一。在這個基礎上，澳門人的生活水準年年高升。澳門回歸那年失業率為 6.3%，去年已一路下降至 1.7%。澳門還直接向永久性和非永久性居民發放現金，2019 年特區政府向永久性居民每人發放 10 000 元，向非永久性居民每人發放 6 000 元。澳門每一個人都能切身感受到回歸前後生活的天壤之別，也自然而然體會到回歸的好處，增加對國家和民族的認同，增加對「一國兩制」的認同。當然，派發現金的方式不一定適合香港的實際情況，然而香港在經濟發展和利益分配上，確實需要向澳門學習。

筆者認為澳門在這兩個方面都比香港做得好，第一是主動融入國家發展大局，借助珠三角等內地力量，尋找多元化發展動力。有錢才能分錢，澳門整體經濟發展的實力，是市民獲得感的基礎。第二，則是較注意「二次分配」，福利政策向基層傾斜。

不須否認，澳門的經濟基礎是博彩業，2017 年澳門的賭博收入突破 330 億美元，是美國賭城拉斯維加斯收入的 3 倍多，成為全球第一大賭城。但是，澳門明白不能獨沽一味，要緊密依靠內地發展多元經濟。2004 年與內地簽署 CEPA 至今，澳門特區以零關稅優惠輸往內地的貨物總值增長了 43 倍。建設世界旅遊中心，建設葡語國家的商貿中心，是澳門新的奮鬥目標。澳門大學搬到了橫琴，澳門已經在珠海建立粵澳合作產業園、中醫藥科技產業園等。澳門主動依靠國家，國家也更加關照澳門。國家在土地使用上和大灣區互聯互通上，提供更多方便，並還準備在澳門發展金融業，建立以人民幣計價的股票交易所，使澳門也成為人民幣離岸交易中心。這些，都使到澳門人看到未來、看到更加

燦爛的前景，也對國家有更強的認同感。

說實話，國家原來也是非常照顧香港，在香港和內地關係上處處向香港傾斜，最為突出的是港珠澳大橋竟然遷就香港而採取「單 Y」模式，不在深圳設落橋位，不但損害了深圳的利益，也減弱了大橋的功能。深圳河套地區，也歸香港使用。但是，香港不但反對派反對與內地融合，就是港府官員也有疏離感，過分強調與內地區隔，過分強調香港利益，反而堵塞了不少與內地合作的機會，約束了香港經濟的發展。而這次香港動亂，不但直接使到經濟下滑，而且也使到國家也不得不分薄對香港的支持。

博彩業的利益本來也是高度集中，然而澳門特區政府成功的是，通過合理的「二次分配」調節，提高基層所得，緩解貧富差距。澳門政府全力建設雙層式社會保障體系、住房、教育、醫療、人才培養、防災減災六大民生長效機制，並多年實施「現金分享計劃」，連續調升敬老金、養老金。在最關鍵的住房問題上，澳門實施「社屋為主、經屋為輔」，以公共房屋緩解樓價壓力，滿足基本需求。說實話，香港回歸後基層市民的獲得感是不強的，尤其是樓價高企致使青年望樓興歎而累積了社會強烈的怨氣。

港澳對比「一國兩制」的實踐對比，實實在在看到「一國兩制」不變形不走樣，行穩致遠，需要建立在一個堅實的社會政治基礎之上，而打好社會政治基礎是長期的工作，不是一蹴而就。「一國兩制」是實現中華民族統一和偉大復興的正確途徑，港澳的「一國兩制」也是為台灣回到祖國大家庭提供經驗，在研究台灣的「兩制模式」也要認真面對現實思考如何在島內增強社會政治基礎。

（原刊於 2019 年 12 月 30 日《經濟導報》）

香港「一國兩制」沒有「下半場」

一場足球賽標準賽時為 90 分鐘，分上下半場，各為 45 分鐘。於是，也有學者藉此比喻香港的「一國兩制」進入到「下半場」。認為去年修例風波以來，香港整個社會包括 700 萬人和正在實行的「一國兩制」的制度安排，都經歷了一場史無前例的「煉獄」，而且「煉獄」還在進行中，並與另一場史無前例的世界流行疫症交織一起，繼續考驗香港人的生存意志。筆者堅信，正直而有韌力的香港人「捱」得過來而且將迎來再一個輝煌的明天。這也是筆者認為，香港「一國兩制」不存在「下半場」的理由之一。

說香港「一國兩制」進入到「下半場」，給人的第一個印象，就是也如足球下半場那 45 分鐘完了，全場就完了，頂多補時幾分鐘。以「一國兩制五十年」計，說「一國兩制」已進入「下半場」是合乎邏輯的。北京學者田飛龍也正是由此開始立論。他在著作《抗命歧途——香港修例與兩制激變》中多次論述這一問題。他說道：「五十年不變」已過半，「香港反修例運動構成「一國兩制」香港實驗前後半場的分水嶺」。「香港的「一國兩制」勢必經歷此次運動而走入『下半場』，進入五十年不變後半段演變週期」等。全國港澳研究會副會長饒戈平教授在書的序言說，作者斷言「一國兩制」將由此決定性地轉入了中央權力合法進場，香港管治改

革及社會重建的「下半場」。人們能深切體驗到作者那種基於理性思考的積極向上的世界觀。

筆者讀田飛龍的書受到很多啟發，也很同意他很多的觀察，只是覺得香港「一國兩制」進入「下半場」的提法不妥，因為這給香港人和國際社會一個很大的錯覺，以為香港的「一國兩制」到2047年就終場了。顯然，沒有人說澳門有「一國兩制」「下半場」的問題，因為那裏很順暢，澳門的《基本法》23條立了，儘管是全世界最大的賭場連特朗普也想染指，但是政經運作正常。

香港的「一國兩制」，按照總設計師鄧小平對於「五十年不變」的多次說法：不會變，不可能變。不是說短期不變，是長期不變。就是說50年不變，50年後更沒有變的道理。不過，香港《基本法》第5條，的確是寫明「五十年不變」，這是以法律形式確立的。而50年之後也不變，則是領導人口頭承諾。而真的要做到50年之後也不變，則要修改《基本法》第5條。當年有「九七問題」，而當下也有「四七問題」，雖然沒有跨越2047年的土地契約問題。但是，對於各式各樣的投資者來說，香港在「四七」後到底是一種甚麼制度安排，依然是極其重要的。

按照田飛龍的說法，「一國兩制」「下半場」的問題，與反修例運動分不開。不過，筆者認為，去年以來的「煉獄」，是使到香港的「一國兩制」進入到一個十字路口，搞不好，「一國兩制」不用到2047年就結束，搞得好則是「一國兩制」磨合得更清晰，更知道應該如何做好，也就是說「一國兩制」進入新的更加成熟的階段，鄧小平說的50年後也不變是可以成為現實的。

當下，「一國兩制」最大的敵人是「攬炒」，「攬炒」的參加者

稍有頭腦的香港人都心知肚明。從街頭「攬炒」黑衣打砸燒，到經濟「攬炒」搞甚麼黃色經濟圈，再到立法會「攬炒」。相信，司徒華在生當是痛心疾首，想不到的是那些「黃師」不但戀殖，甚至要美化「蘿蔔頭」，也不知保釣勇士阿牛情何以堪，即使是民主黨元老何俊仁也難以圓說從民主回歸蛻變為漢奸的現象。這種「攬炒」最大傷害的是香港人的最大公約數——「一國兩制」。可以斷言，不放棄「攬炒」，香港「一國兩制」真的有打不完下半場就提前結束的危機。

然而，國家是絕對不會允許這個惡果出現。事實上，香港回歸 23 年歷程總體上證明「一國兩制」是成功的，是利大於弊。現在暴露出了問題，其實也為未來更好踐行「一國兩制」撥開了迷霧，總結了經驗教訓，指明了方向。例如，國家已經非常清楚，「五十年不變」不等於「五十年不管」，「一國兩制，港人治港，高度自治」方針的許多模糊空間已經釐清，香港的自治權由國家授予，國家及其代表機構既有全面管轄權也有監督權。去年以來的「煉獄」，實際也使真心實意搞「一國兩制」的香港人劃清了許多「紅線」，相信香港人在自覺保障國家安全的基礎上，將可逐步達至民主政治的理想境界。

此外，因應未來百年未有之大變局，香港堅持長期實行「一國兩制」，更使國家站在世界全球化多元化的戰略高地。香港「一國兩制」長期不變的宣示，既是香港繼續成為中國對外開放的橋頭堡，也是中國的社會主義與世界的資本主義更高級程度的合作里程碑。所以，相信一旦中央以權威的方式包括修改《基本法》以確立香港「一國兩制」50 年後也不變，這是一顆大定心丸。

（原刊於 2020 年 5 月 25 日《亞洲週刊》）

第二章

管治政策

從特首「換馬」看
治港的最大公約數

　　新一屆特首選舉的風雲突變，是始於梁振英忽然宣佈不尋求連任。那麼，新特首如何治港也應從中得到啟示。當下，縱觀幾位「跑手」，真正可以威脅林鄭月娥的是曾俊華，但是相信後者最後會明智的選擇「體面退選」。葉劉淑儀本來應該選擇做立法會主席，但是錯判形勢，將連「閘」都入不了。那麼，林鄭月娥很應問問自己，未來五年真的能給香港帶來新氣象嗎？是否又與之前的特首一樣說到做不到？

　　梁振英在競選特首時上筆者主持的「把酒當歌」節目說過，撥出少少郊野公園土地，就能住數十萬人。但是，陳茂波當發展局長就說這一任絕不會動郊野公園。他這一任其實沒有搞了多少「生地」，現在接任財政司長不知敢不敢展開填海？

　　筆者以為，回歸 20 年，香港處於一個關鍵的十字路口，未來五年只許成功不許失敗。再失敗，就不是再蹉跎歲月，也不是林鄭月娥的「心有不甘」，而是「一國兩制」都有可能做不下去。回歸至今 20 年的政經困局，很難說明「一國兩制、港人治港」是成功的。因此，未來 5 年是香港的最後一次「試用期」，再做不好

或者被深圳和廣州大幅拋離，港人就不知用甚麼理由來堅持「一國兩制、港人治港」這種香港各階層人都認為是最佳的制度。於是，倘若說林鄭月娥擔負「歷史使命」，就在於此。

不過，她也不需要甚麼「八大願景」之類的繁文縟節，其實一句話，香港癥結在土地短缺，因為土地短缺造成市場看漲的心理預期，再出「辣招」也壓抑不住樓價的飆升，青年買不起樓，公屋輪候大隊越排越長；同時，租金高昂嚴重阻礙新的生產力的形成，幾乎各行各業都看不到前景。新特首其實未來 5 年，只有在土地儲備取得突破，其他所有問題迎刃而解，使市民大眾在短期內對政府良政「有感」，看到希望，看到前景。

但是，林鄭月娥做得到嗎？梁振英就沒有做到，筆者相信，北京「換馬」，很大的原因在於此。坊間議論很多，包括「不夠票說」、「不團結說」等，但是恐怕還是未能道破北京的「今心」。筆者以為，要看清北京的「今心」還是要從「初心」說起。國家主席習近平在秘魯利馬見梁振英，他露出少見的燦爛笑容，說被充分肯定特別是反對港獨。但是官方新華社的短新聞則指，習近平要求「綜合施策，廣泛凝聚社會共識，着力推動經濟發展和民生改善，堅決維護國家統一，保持社會政治穩定」。似乎，梁振英對習近平將「着力推動經濟發展和民生改善」放在綜合施策首位，認識不清或者是認識不深。倒是林鄭月娥說「過去十年新加坡平均年增長 6% 香港只有 3%，心有不甘」，似乎是回應了習近平的綜合施策。相信，北京經過上上下下多個回合的反覆考慮，是寄望林鄭月娥未來五年在經濟民生上有大突破。

自然，梁振英在政治上、在反港獨上是得到中央的肯定，不

然習近平也不會說出「板蕩識忠臣」的話來。但可惜未能符合中央「安定繁榮」的「初心」。北京保留香港原有的資本主義制度，實行「一國兩制、港人治港」初心是甚麼，就是維持香港的「安定繁榮」。習近平應該清楚，香港回歸 20 年出現問題的基本根源在於經濟發展徘徊，民生改善也就是二次分配解決不好。近期，北京中國社會科學院台港澳研究中心學者魏南枝在一個論壇上表示，回歸後中央對港工作「重選舉輕管制」、「重選票輕民生」，最終最大贏家是強勢商業利益集團，其既可以通過建制派佔據多數綁架中央政府的判斷，避免「一人一票」的大眾民主產生各種社會福利訴求；又可以利用各種利益交雜的政治否決力量，將類似公屋建設、全民退保計劃等不利於工商業利益的施政計劃擱淺甚至否決。無疑，魏南枝的論述很繞彎彎，但是仔細思量，可以看到北京對治港路線在「查找不足」。

筆者理解，未來五年治港就是回歸「安定繁榮」的初心，第一，就是要將「發展經濟改善民生」，作為全港的最大公約數。習近平提出中國夢，是中華民族的最大公約數。而着力經濟民生，則是當下全港的最大公約數。不論是建制派還是泛民，不論是工商界還是基層，無論是香港方方面面的持份者，都從這個口號中找到利益交集。

第二，政治休養生息，像內地一樣「一心一意謀發展，專心致志尋找二次分配的平衡點」。不但不炒作政改話題，「23 條立法」也可以繼續往後擺。有泛民朋友要求未來特首重啟政改，盡快落實普選特首。事實證明，將精力專注政改必然蹉跎經濟發展民生改善。可在民間先成立各種持份者討論平台，待有了共識的

政改方案再擺上議事日程。

第三，發動全港「新愚公移山運動」，去衝破千難萬險，建立充足的土地儲備。若然能夠凝聚全港力量，將建立土地儲備化為全港所有持份者的共識和一致行動，那麼還有甚麼「地產霸權」能夠擋住大家的去路嗎？

筆者相信，泛民及其他非建制派勢力並不是通過填海等手段建立土地儲備的反對者，因為改善住房條件和克服高租金阻礙經濟發展，這也是他們的目標。一些環保人士也是要求在建立土地儲備時保護環境而已，而不是絕對不變。再就是，有長遠眼光的地產商也不是要甚麼「霸權」。試想，沒有新土地，香港地產商不是也要失業喝西北風？所以，覓地其實也是全港的最大公約數。

第四，破除「小政府」舊思維的局限，縮小貧富差距，適應老年化社會的需要，通過政府二次分配的強有力的調節手段，尋找各持份者滿意的平衡點，提高整體社會保障的質素。

（原刊於 2017 年 1 月 20 日《明報》）

曾俊華勿成為反對派的代理人

　　在香港回歸迎來 20 個年頭的日子，第五任特首選舉也進入到白刃格鬥階段，表面上看，原來的政務司長林鄭月娥和財政司長曾俊華都是屬於建制派，但是，與上屆的唐梁之爭不同，這次的兩位前司長之爭，很可能變質，演變為建制派與反對派之爭，在本文截稿時，林鄭月娥公開表示要爭取到超過 600 個也就是過半的選委提名，而新聞報道則顯示她已取得超過 400 多建制派選委的提名，非常明顯她是建制派和中央政府看重的候選人。另一方面，曾俊華表示只有幾個建制派的選委提名他，他希望也獲得非建制派選委的提名，泛民主要政黨的發言人也暗送秋波，暗示定會送曾俊華獲得足夠 150 個提名而「入閘」，成為新一屆特首候選人。

　　更令人注目的是，反對派還聲言要「造王」，使曾俊華最後跑出，成為新特首。所以，兩位前司長之爭成為建制與反對派之爭，並不是聳人聽聞之言。

　　曾俊華一開始參選，就提出香港未來要在政治上「休養生息」，着力發展經濟改善民生，這本來是香港主流民意所期望的。但是，沒想到他朝秦暮楚，今日井水明日河水。他很快就改口，要在 2020 年立法會換屆前做到重啟政改及為《基本法》第 23 條

立法，後來出席電台節目時卻改變說法，表示為《基本法》第 23 條立法工作複雜具爭議，未必能在 5 年任期內完成，希望能在下屆政府完成基礎工作。另外，他最早談政改時，還是強調要在人大「8‧31」決定的框架下進行，後來就不提了。直到有建制派選委質疑他，他又改口打圓場：有關決定不能逃避，未來會諮詢市民意見，再如實向中央反映，希望中央能靈活安排。頓時令市民大感譁然，香港人「牙齒當金使」，你還沒有選上，就不斷修改政綱，毫無政治定見，又如何有公信力呢？

其實，長期擔任高級公務員的曾俊華不知道政治誠信的重要嗎？他是有苦衷呀！他要反對派送票給他，怎能不說討好他們的話呢？因此，稍有政治頭腦的市民都明白，如果曾俊華和反對派有交易，那必然是「魔鬼交易」，曾俊華對反對派的抬舉是「是要償還的」，若他心甘情願成為反對派的代理人，那他必然會三背叛。第一，背叛了回歸以來一直服務的香港特區政府，他擔任特區政府公職，是要莊嚴宣誓的，如此背叛是可厭的；第二，背叛了中央政府，他原來加入香港政府做政府高官，是由中央政府任命的，他要對中央政府負責的，而反對派之所以成為反對派其本質立場就是要反對中央政府，曾俊華走到和反對派同穿一條褲子是可憎的；第三，他也是背叛了自己，背叛了回歸 20 年來服務建制的他，但凡人走到人格分裂這一步，就可憐了。

事實上，曾俊華即使當上特首，也必定無法改變當下香港的政經困局。香港目前的癥結大家都很清楚，就是缺地，高樓價。現在，香港人的夢想真的很低微，不就是無屋住的有屋住，有小屋的住大屋。這個夢想，可是一點兒也不偉大，一點兒也不崇

高。只不過是實現一個基本的人權居住權而已。於是，他忽然提出「要讓六成人住公營房屋」的口號。筆者大吃一驚，他怎麼一改過去「小政府大市場」加保守的理財哲學，難道真是要畫餅充飢？曾俊華當財政司長多年，完全明白政府財政不可能負擔六成人住公屋，政府一方面要不斷撥出資金起公屋，另一方面又因為公屋佔據土地資源減少了賣地收入，既增加了財政支出減少賣地收入，請問，若他當特首，他麾下的政府不是要喝西北風？而且，更為重要的是，這會鬆動了香港資本主義社會的經濟基礎。筆者想，這樣的政綱怎麼會得到香港商界尤其是大地產商的支持？如果，這一招真的反常地得到大地產商支持，那麼善良的市民就不能不思考內裏的文章。

後來，曾俊華也明白自己是大嘴了，忙改口說，這是長遠目標。其實，這也不可能是長遠目標，這與維護香港的資本主義制度是背道而馳的，是永遠不會實現的。曾俊華叫出這樣的口號，不僅是譁眾取寵，而且也是掩蓋他過去的無能。香港人說他「hea」住做，以往他的本職之一就是開發土地，但是他無所作為，取悅於維持「地樓租三高」的既得利益集團。

相反，現任特首梁振英積極覓地造房，緩解香港房屋的供求矛盾，壓抑樓價飆升。而林鄭月娥，已提出了把開發新增土地為未來工作的首要任務。她不但提出了工作的方向，而且提出了時間表和路線圖，要求在未來 6 到 9 個月定出造地的具體規劃，並且採取多種途徑，包括填海，開發棕地和郊野公園的偏僻地段等等；面對種種反對勢力，她也有了對策，就是發動全港各種持份者大討論。顯然，她相信得道多助，造地造福全港市民，企圖維

護「地產霸權」的既得利益者是阻擋不住的。

目前，香港輿論都在探討一個問題，曾俊華的背後支持者到底是誰？他自己在接受媒體訪問時說，不是李嘉誠。但是，還是不能釋疑。有頭腦的香港人都在想，既然中央已提過各種渠道，各種手法，表明不希望他參選，市民的輿論也認為他「hea」，能力不足，但是他還是一意孤行，顯示這不是他自主的行為而是背後有一股強大的力量。筆者認為，這並不複雜。目前，香港的大地產商已建、在建和將建的私人住宅近十萬個單位，他們的眼前利益要求他們催谷樓價不斷上升而輕易獲取暴利。倘若政府真的造地，必然降低樓價繼續攀升的預期。所以，他們是期望過去極其不積極造地的曾俊華當選。於是，我們還可以看到另一幅圖畫，曾俊華不但在政治上可能站在反對派一邊，而且也可能成為香港經濟發展改善民生的絆腳石。

（原刊於 2017 年 3 月《思考香港》）

一年增加一個百分點

香港特別行政區第六屆立法會選戰結束，評價紛紜，但是從六七個激進分子進入立法會可見，香港回歸已經踏入第 20 個年頭，然而踐行「一國兩制」還是一條艱難的道路。當下，並沒有穩定局勢立竿見影的藥方，還是要沉下心，做艱苦細緻的工程。例如，下決心一年增加一個百分點的支持民眾！

這是一個可以具體量化的指標。如果真的實現每年建制派陣營增加一個百分點的支持者，那麼四年之後的立法會選舉，就可以增加 4 個百分點。也就是說，在直選層面，建制派與非建制派的選票對比，就可以從現在的 45% 對 55%，改變到 49% 對 51%。那麼，再過四年呢，也就是八年之後，就增加 8 個百分點，愛國愛港陣營就會超越反對陣營，那麼，香港實行「一國兩制」的阻力就會減少，香港的政治形勢就可能有質的改觀。

如果，在回歸之初，就對香港的政治格局和選民的取向有合乎實際的正確判斷，並且做出了一年增加一個百分點的艱苦細緻工程的規劃，那麼到這次選舉，理論上就增加了 19 個百分點的選民。如此，甚麼選戰打不贏呢？

可是，這次選舉建制派的得票率不升反降了。

2008 年立法會選舉，在 30 個直選議席中，泛民贏了 19 席，

建制派只得 11 席。泛民在地區直選的總得票率是 59.5%，建制派得 39.75%。

2012 年，直選議席總數增至 35 席，泛民反而只拿得 18 席，建制派大增至 17 席。2012 年，泛民得票率降至 56.24%，建制派增至 42.66%，比 2008 年多了近 3 個百分點。也就是說，這四年增加了 3 個百分點，還不到 4 個。但是，總是有增加。

2016 年，本土和自決派加泛民主派共得票 119 萬，佔比 55%。建制派得票 87 萬票，佔比 40.17%。這樣，就比 2012 年下降了 2 個多百分點。

2016 年，中間派及其他參選人得票 10 萬，佔了 4.81%。2012 年，中間派得票比率是 1.1%，也就是說，這次選舉中間派的票增加了，或許這也說明建制派流失了中間選民。

從香港《基本法》制定可見，原來預計回歸後用 10 至 15 年時間，香港市民對祖國的認同、真心實意擁護「一國兩制」的達致多數，愛國愛港陣營也獲得穩定的多數選民支持，從而達至行政長官普選產生，立法會有更多的議席由直選產生，但事與願違。

值得深思的是，為甚麼掌握了雄厚資源的建制派，在選舉組織不少方面輸給非建制派？為甚麼在整個選戰中建制陣營鮮見有觸及香港人利益心靈的口號？相反，為甚麼不少建制派候選人在選舉論壇中總是對「建制」帽子不太受落，甚至將與國家、中聯辦、特首的關係作為負資產，避之不及？

事實上，跳出選戰看民心，不能不問：回歸近 20 年香港的大多數市民究竟得到了甚麼實際的好處，而且主要是貼身的經濟利益。如果 20 年過去了人工沒有加，住屋不見大，反而新生代

買屋「咪旨意」，怎會增加對國家的歸屬感、認同感？因此，痛定思痛，還是要從根本入手。當下，香港的管治者應該再有長期工程的思想準備，做踏實細緻到位的工作。而工作的重點，應該是實實際際的使香港市民大眾感到回歸以及政府的工作給他們帶來實實在在的利益，只有如此，才能一年增加一個百分點的支持者，日積月累，必然使香港政局翻出新的一頁。

（原刊於 2019 年 12 月 24 日《思考香港》）

泛民如果接受「袋住先」

泛民如果接受「袋住先」，這是假設性問題，但是也很現實，重要的是迴避這個問題，香港的政治水平不會提高，尤其是反對派永遠停留在「小學雞」層次，頂多是「中學雞」。結合當下香港政情，回想當初美國和英國都要求泛民「袋住先」，會明白有幾百年民主政治經驗的老牌政客還是老辣。

筆者想，如果有「袋住先」，在梁振英不再尋求連任的前提下，曾俊華被 1 200 人的選委會定為特首候選人，並且最後在全港一人一票中當選第五屆行政長官並無疑問。可是，泛民的領袖們不知反思，反而沉迷於選委的席位增加，以為真的是「造王者」，其實，只是自我的心理滿足，實際不能左右建制派最終選出合適的人選。這次，非建制席次由上屆的 205 席增加到 327 席以上，大大超出原先的「民主 300+」目標，不僅在傳統票倉高等教育、教育、法律、社會福利界別全取，也取得會計、衛生福利界別的全數席位，並且在梁振英的票倉建築界獲得多數，衛生服務界、中醫界有所突破；但是，建制派獲得席位依然超過 800 席，即使泛民席位再多一些，還是無礙建制派合適的人選獲得超過半數的 601 票。不會有「造王者」這回事。

選委會選舉前兩天，現任行政長官梁振英宣佈放棄連任。因

泛民不少參選者打的是「反梁」旗號,有評論認為,梁的棄選會拉低泛民的投票率。結果,最終功能界別投票率46%,高出18個百分點,是歷史上最高。其實,這次選委之戰並不是針對某個人之戰,歸根結底還是建制和反對派兩大陣營之戰,「反梁」不過是一個針對建制派以至針對中央的口號,所以,當梁振英不再尋求連任,並沒有降低反對陣營的戰意。反過來說,即使梁振英尋求連任,反對陣營也是拿這麼多席位。

除了新民黨主席葉劉淑儀確定參選,政務司長林鄭月娥尚未表態,但勸進聲浪不斷,最終有機會以「繼續上屆政府既有政策」為由出場。財政司長曾俊華辭職的動作,表明他下決心競逐下任特首,不過北京並沒有第一時間批准他的呈辭,使他的第一個記者會,只是還是辭職的舊消息而不能同時正式宣佈參選;翌日,梁振英還暗指他未完成施政報告便辭職是不負責任。這令人更相信坊間所指:北京是不希望他參選,而他則決心「闖紅燈」。

筆者相信,在這樣的條件下,曾俊華要拿到150個選委提名的入閘券並不容易,因為北京如果「吹雞」,公佈中央最信任的人選,而提名又需要公開姓名,他要從建制派裏拿夠提名或有困難。在這個情況下,反對陣營的選委可以對曾俊華伸出援手,助其入閘,但是在最後決戰還是要輸。不過,如果是「袋住先」,1 200選委會選出幾名候選人供全港投票選擇,那麼不囉唆也知道財爺反而最有希望勝出。

本來,「袋住先」總好過原地踏步,可惜小學雞和中學雞們「雞眼觀天」,錯過了機會。這一錯,不知道蹉跎多少年。

（原刊於 2016 年 12 月 15 日《思考香港》）

從鍾國斌看自由黨徹底沒落

　　香港政府通過引用《緊急法》，訂立《禁止蒙面規例》，之後獲建制派 40 名立法會議員聯署支持。還是屬於建制的自由黨黨魁鍾國斌未有參與聯署，其後他上電台節目解釋稱，沒有參加聯署是因為早前自己不在港，未能了解條例內容因此沒有簽署。不過，他在電台節目直指《禁蒙面法》反效果大於正面效果。事實上，鍾國斌站在建制派對立面上的立場是清晰的。有趣的是，他和自由黨其他三位立法會議員的立場也是不一致的。在這樣一個重大的問題上，自由黨如同一盤散沙，不能經過嚴肅的討論尋求一致的正確立場，豈不悲哀？相信，這是自由黨在香港回歸後不斷走下坡路的標誌，或許，香港這次風暴平息之後自由黨也該折起。

　　《禁止蒙面規例》訂立其實不是早了而是遲了，香港社會的有識之士早就提出，並且認為在這次反修例之初甚至上次佔中之後即應訂立，香港這次受到的破壞不至於如此慘烈。首先，在國際層面看，諸如美國很多州份，還有包括英國在內的大部分西方民主國家都已立法，國際的經驗證明，無論從上維護社會基本法紀，維護社會基本秩序，以及維護民主政治的正常運作，《禁蒙面法》都是必須的。美國的歷史還可以追溯到反對臭名昭著的三K 黨。而就當今香港的現實嚴峻的政治和社會環境而言，更是痛

感此法立遲了。香港的區議會選舉已經展開，現在不但是建制派的候選人，即使是傳統的民主派候選人，也擔心受到種種非民主手段的對待，且不說惡劣至打砸燒議員辦事處，直接威脅到候選人的人身安全，各式各樣的塗污、謾罵標語也在窒息選民的正常思維，不受限制的網絡起底更加擾亂選民的投票意欲，有學者甚至斷定，這次的投票率不是因為反修例運動激發的政治熱情而拉高了，反而是因為不正常的社會秩序壓抑了投票意欲而大幅拉低投票率。

對於這些，鍾國斌是無法辯駁的，他也承認他的三個黨友選擇支持《禁蒙面法》是代表了業界的利益，由於暴亂直接影響到香港的餐飲業、零售業和交通運輸業，作為其中的代表——張宇人、邵家輝和易志明，是期望《禁蒙面法》為止暴制亂提供了法律利器。但是，鍾國斌依然認為倘政府欲立法，應該要經過立法會討論讓議員審議。他這樣說，或許可以說他傻，因為當下即使是一個普通的市民都知道，立法會根本能否正常召開都是問題，更遑論討論《禁蒙面法》。也因此，亦會有人認為鍾國斌是「高級黑」，就是通過立法會玩死《禁蒙面法》。陰謀論的延伸下去，指的是，鍾國斌在這場風暴中一直站在港府和北京的對立面上，他因為是做進出口生意的，可能被美國佬捏住了「七吋」。

也許這些陰謀論都沒有根據，但是通觀鍾國斌在電台的講話，不要說沒有大局觀，沒有看工商界根本利益長遠利益的胸懷，就說基本的思辨邏輯和表達能力都缺乏，而且令人要問，這個人怎麼就當上了自由黨領袖？自由黨還是一個代表工商界利益的老牌政團嗎？即使只有四個立法會議員，至少還應該是以同一

個意志行事的戰鬥團隊，怎可能允許一個人自行其是，儘管他打住黨魁的牌頭。或許，這也是自由黨悲劇到頭的標誌。

2013 年 4 月 22 日，前港區全國人大代表吳康民在《明報》撰文，質疑英國在 1980 年代中英談判時，已開始在公務員團隊和工商界培育一股「親英勢力」，甚至在香港吸收不少「骨幹分子」加入軍情六處。他另點名批評前政務司長陳方安生是「港英餘孽」的「第一梯隊」，又質疑有人在去年特首選舉投白票，形容這是「港英餘孽」的「第二梯隊」暴露真面目。吳康民在接受查詢時坦言「第二梯隊」乃針對自由黨，直指有人「身在曹營心在漢」。吳又質疑這種人是想報答英國人提拔，才公然與中央「唱對台」。吳又認為「港英餘孽」還有「第三」和「第四」梯隊，形容前者「若隱若現，關鍵時刻出來幫腔，有時也唱唱反調」，是「雙面人」；後者則「長期埋伏，以待時機」，他不便「畫公仔畫出腸」。相信，2003 年 23 條立法田北俊倒戈，也會納入到這場風暴的深刻檢討之中。

北京「一國兩制」的設計，本來倚重工商界，直白一點就是向自由黨傾斜。當初，頂住壓力堅持「均衡參與」的原則，堅持立法會設立功能組別；特首起初由選委會選舉產生，選委會組成偏愛工商界；董建華出任首任行政長官；行政會議延續港英傳統委任多名商界代表入局；在在表明北京倚重自由黨。可是，自由黨成了扶不起的天子，是否說明香港的

「老細階級」擔負不起「港人治港」的歷史重任？

（原刊於 2019 年 10 月 21 日《亞洲週刊》）

從自由黨衰落
看重整工商黨之必要

　　新一屆立法會選戰已經展開。回歸 19 年的經驗證明，立法會的組成是香港管治重要的一環，也是香港各種政治勢力角力的主戰場。自由黨參選的名單已經揭盅，在直選議席方面僅由李梓敬和田北俊組成一組名單出戰新界東，田北俊排在名單的第二。可以肯定的是，田北俊必然不能重返立法會，而李梓敬也無必勝的把握。至於功能組別方面，自由黨也未必能夠保住現有的席位。因為自由黨自我定位為建制派，但是這次立法會選戰的口號卻主打「倒梁」，與反對派如出一轍。也許，他們以為這樣可以左右票源通殺，但實際是兩邊不討好。

　　可以預料，這次立法會選戰之後，自由黨力量在香港的政治舞台上進一步萎縮。不過，田北俊的退位也許是自由黨的一個轉折，使他們重新找回自我，重新認識到自身作為香港的工商黨正正是維護「一國兩制」的重要力量，重新明確自己的歷史責任，而不能任性、率性、隨意從政，因而成熟而獲得新生。筆者也藉此機會，深入探討一個理論問題，那就是工商黨在實踐「一國兩制」的重要角色，以及回歸 19 年以來因為香港資產階級政治力

量的缺失而影響到特區管治的教訓。

自由黨前身為「啟聯資源中心」，1991年由立法局及行政局首席議員李鵬飛領導，代表工商界的非官守議員組成啟聯資源中心，共用資源。1992年，英國保守黨前主席彭定康被任命為港督後不久，李鵬飛與一眾行政局議員總辭，並於1993年與張鑑泉、周梁淑怡等人將啟聯改組為自由黨，李鵬飛成為創黨主席，與港英政府漸行漸遠，主要分歧在於維護傳統工商界利益的功能組別之上。自由黨的初期黨員也主要由商人、企業家及專業人士組成，故此，自由黨被認為是親工商界的資產階級政黨，是無異議的。

李鵬飛曾於1995年香港立法局選舉中首次循直選取得立法局議席，後於1998年香港立法會選舉中落敗並辭任主席，由田北俊接任。自由黨雖然在直選議席中只取得過最多2個議席，但由於功能組別的制度，自由黨早期在立法會皆能取得與民建聯、民主黨鼎足而三的局面。自由黨最多時取得10個香港立法會議席，成為立法會第二大黨。

有評論指，「李下田上」是導致自由黨轉變的一個原因。2003年反「23條立法」大遊行後，田北俊率領自由黨倒戈致立法夭折。田北俊當年還更明言要做執政黨，他首次更改黨徽，發起「旗彩招募行動」招攬社會各階層入黨，黨員成份開始多元化。他和周梁淑怡在2004年直選立法會議席成功。不過，好景不長，其後該黨由盛轉衰，出現多次退黨潮。2008年立法會選舉，田北俊和周梁淑怡都競選連任失敗，連同九龍西的田北辰和香港島的林翠蓮，自由黨在地區直選全軍盡墨，加上時任旅遊界議員楊

孝華引退，自由黨改為力挺董耀中，亦競選落敗；劉皇發在選舉4天後退黨；自由黨的議席由10席下跌至6席。到了10月8日立法會就職日，林健鋒、梁劉柔芬、梁君彥也宣佈退黨，結果自由黨只餘下3席，淪為小黨。也因此，建制派老大變為民建聯。這個轉變，表面上看只是自由黨一個黨的事，實質上則是香港資產階級失去了主導政局的影響力。

同樣，「23條立法」一役，表面上看，是田北俊和自由黨在重大關鍵時刻做出錯誤抉擇，儘管至今他們並不認錯。但是，也許要問在其背後的某些大老細當時是怎麼想的。他們有沒有深思熟慮，了解清楚此役一敗後患無窮，表面上是北京丟了面子，實際則是香港亂局的始端，反對勢力惡性抬頭，壞了的何止是中央的治港方針，更是香港社會的分裂，營商環境的毀壞，直接也損害到了香港工商界的利益。相信，這些老細大佬們並沒有算計清楚，否則他們豈能讓田北俊倒戈。當然，一些左派大佬指在這一役中，某些扮演了英國殖民主義者的「第五縱隊」的角色，也未必有充足根據，畢竟田北俊的全國政協委員職務到十多年之後才撤銷。主要的原因，還是在於香港資產階級的政治幼稚性。

事實上，香港目前的政局可以用一個「亂」字概括。無論是泛民還是建制派都不能不承認香港的政局還沒有進入健康、穩定而又成熟的常態。且不用說「23條立法」未完成，使到基本法的落實是「跛腳」的；普選行政長官的政改夭折而普選立法會更是遙遙無期，又是一個標誌；新一屆立法會選舉不但激進勢力更激而且出現打着「港獨」、「自決」等違背基本法政治訴求旗號參選的人士甚多的現象，也令人有倒退的感覺。

為甚麼會這樣，原因一定是多方面的，從不同的角度看有不同的結論。平實而言，香港的資產階級未能履行其對實施「一國兩制」的應有承擔，並使到代表自己的政治勢力不是不斷壯大而成為穩定香港的重要支柱，反而是不斷萎縮，不斷縮頭，甚至在重大問題上沒有聲音的怪異局面。自由黨從回歸之初的輝煌到目前的困局，是一個有力的證據。

　　香港實行「一國兩制」，本質就是不實行內地的社會主義制度，維持香港的資本主義制度；香港不是如中國憲法所規定實行中國共產黨領導，而是「港人治港，高度自治」。在這種條件下，香港的「主角」是誰？香港的統治主體和領導主體是誰？毫無疑問，是香港的資產階級。也許，有人不同意，認為香港是多元社會，有龐大的中產階級，也有龐大的勞工階層，還有知識分子、公務員、專業人士、諸如此類。但是，稍微懂得一些世界發展史的人，稍微了解一點當下美歐等成熟資本主義社會運作的人士都會明白，在資本主義社會最有力量的是資本，主導這個社會的是資產階級，而其他都是次要力量，或者是依附在資產階級皮上的毛。

　　因此，奉行社會主義的中共的「初心」，對此有充分認識。北京對香港實行「一國兩制」的設計，其權力傳遞途徑是由中國共產黨到香港資產階級的代表和領袖，以及由他們主導的香港領導班子，或者說這是中共領導香港的資產階級實行對香港的管治。

　　所謂「中共領導資產階級」並不是新鮮事，也不是新概念。中共奪取政權的過程，毛澤東稱之為「新民主主義革命」，實質也就是中共領導的資產階級革命。孫中山創辦後來由蔣介石領導的

國民黨的模式，是資產階級領導資產階級革命，結果國民黨輸給了共產黨，毛澤東認為中國的資產階級不成熟以致是軟弱的，所以這場資產階級革命需要由共產黨領導。對於鄧小平展開的改革開放，也有中共理論家認為是共產黨再次領導資本主義建設。因此，香港的「一國兩制」，是中共透過香港的資產階級管治，就一點也不奇怪。

只是，似乎香港的資產階級也是政治不成熟以致軟弱缺乏承擔，未能完成歷史賦予的使命，以致回歸以來步履艱難，甚至出現忘記「初心」的傾向。所以，這也是「一國兩制」「初心」之痛。

對於中共透過香港「老細階級」管治香港，也許現在有人不信，這也是忘記「初心」的表現。其實，基本法的制定處處可以說明，基本法是確保香港實行資本主義制度執法，也是有利資產階級施政執法。為甚麼中共頂住壓力要設置「均衡參與」的原則，並堅持立法會設立功能組別，而且特首起初由選委會選舉產生，選委會組成尤其偏愛工商界等；首任行政長官還特地選擇董建華這個商家出任；行政會議延續港英的傳統委任多名商界代表入局；同時，北京支援自由黨以及港進聯發展視其為治港重要力量，都是這種「初心」之證。可是，港進聯早早關門，而自由黨由盛而衰甚至田少被全國政協除名，都是香港「老細階級」未能作出歷史擔當的一個例證。香港的「老細們」不能在立法會有數量眾多的直接代表，也不能間接影響其他階層的多數代表，那麼他們又如何去鞏固這個資本主義制度呢？

因此，如何重新發揮香港資產階級的重要領導作用，重整代表工商界的政治勢力，是在踐行「一國兩制」的重要課題。從某

種意義講，這比處理目前香港的四大問題：青年，教育，傳媒和法律人才，還要重要。這四大問題，還有處理與泛民以及激進反對派關係的問題，如果能由香港的資產階級出手「搞掂」，哪又何需北京親自出手呢？香港的管治不是更易重回「港人治港」的初心？

這次立法會選舉之後，不管自由黨的命運如何？重整工商黨必然要擺上踐行「一國兩制」的議事日程上，香港的資產階級和北京都要認真對待這一問題。

筆者認為，重整的工商黨首先應是香港經濟發展尋找新的強勁的內生動力的帶領者。香港上世紀起飛成為四小龍之一，重要的是香港的工商界搭上了三次全球產業轉移的「便車」。內地改革開放，香港資本大舉北上，「前店後廠」，以珠三角為腹地，也一度獲得大發展之計。但是，急於賺快錢，只重視房地產和短線加工業而不願投資高技術行業，使到香港不但失去龍頭地位，而且有被邊緣化之虞。而香港自身則由於「地價樓價租金三高」的結構性矛盾，使產業空洞化，單一化。新的香港工商黨若然能夠帶領各界找到新的經濟增長點，亦必然同時獲得對香港很強的政治領導力。

其次，新的香港工商黨應該是目光遠大的領導者。過往，自由黨在處理與其他階層矛盾時眼界短淺，只看眼前鼻尖下的利益，缺乏大局觀念，不肯蝕底，不懂得通過勞資和諧、社會和諧而營造有利的營商環境去謀取更大利益，不懂得香港整體好工商界才好的道理，在最低工資，低保，強積金對沖長期服務金方面，與勞方斤斤計較，與西方成熟的工商黨比較完全是小兒科

的角色。2010 年，自由黨飲食界的功能組別議員張宇人死咬最低工資水準訂為港幣 20 元，連田北辰都看不過眼，退黨轉投新民黨。未來，在香港的土地政策，在全民退保等問題應有回饋意識。歐美的社會福利，也正是西方成熟資本主義全域意識和善於讓步的表現。而香港的福利離他們的「過度福利」還差很遠。

最為重要的是，新的工商黨不能再是「商人本身任議員」，事實上董建華任特首也是不成熟的表現。資產階級是香港「一國兩制」的領導者，不是商人本身登上政治前台，而是要尋找代議士出場。例如，田北俊等商人議員因為有自己的生意，都不能全心全意坐在議事堂，造成「流會」，又怎能成為出色的議員？西方成熟的經驗告訴我們，有政治學識且品德高尚的專業人才成為資產階級的代言人，往往比埋首於「最大利潤」的商家，更易成為平衡各方利益的政治家。可惜，香港老細們當下沒有去認真發掘這樣的人才。

（原刊於 2016 年 8 月《鏡報》）

做回理性反對派的一次機會

　　北京中央政府在通過釋法，禁止主張港獨的人士進入建制成為立法會議員之後，中央政府主管部門又同意無回鄉證的反對派人士，可以申請證件進入內地。筆者理解，北京給香港的反對派劃了兩條線，一條是否可以成為立法會議員的線，一條是否可以拿到回內地的回鄉證的線。以現在的標準，一般來說，過了這兩條線，那就都是屬於人民內部矛盾，而不是敵我矛盾，對抗性矛盾，屬於可以團結的，可以打交道的。現在，凡是推動獨立的，包括台獨、港獨、疆獨、蒙獨；還有，試圖推翻北京政權的，都視為敵我矛盾，對抗性矛盾，屬於打擊之列。

　　應該來說，北京劃了這兩條線，對於香港泛民主派的定位就較為清晰了，有評論說，北京表現得寬容了；還有的說，北京是「硬的更硬，軟的更軟」，打擊港獨毫不手軟，但是對泛民則更加寬容。筆者想，顯然北京不但是希望泛民與港獨割席，更希望他們做理性的反對派。回歸 20 年了，香港的泛民和建制派也鬥了 20 年，中央也和香港的反對派鬥了 20 年，北京首次伸出橄欖枝，希望香港的反對派回到「民主回歸」的初心，做負責任的「理性的反對派」，再也不要「為反對而反對」，甚至進行「拉布」、「佔中」、「街頭騷亂」等破壞性的行為。事實回歸之初，泛民與特區

政府也有過理性監察的蜜月期。

反港獨，這不僅是在香港落實「一國兩制」的問題，更事關國家的核心利益。習近平說，「一國兩制」下港獨完全沒有空間。這個判斷，其實香港絕大多數人都同意，即使是泛民主派亦如此。因此，剝奪梁頌恆、游蕙禎的立法會議員席位，實際上未遇到極大阻力。梁、游曾以為可以組織衝擊以至「暴動」反撲，誰知支持者只有小貓兩三隻。只不過，北京認為如果再不釋法，「一國兩制」的運作都有困難了。顯然，釋法也成為治港的重要手段。透過這次釋法，重在表明北京對於香港的治權，包括對香港在涉及國家事務方面的司法權，香港的法治不能排斥中央的司法權。

不過，在這種氛圍下，北京宣佈發還回鄉證，還是令人意外。應該說，這是北京對港政策重大調整的一個標誌。香港的民主派尤其是最早成立的民主黨，他們最早是擁護香港回歸祖國的，只不過他們希望回歸後的香港是民主施政，他們也有成為香港執政黨的機會。六四事件，是他們與北京分手的轉折點。他們當中一些人「井水犯河水」，被視為企圖顛覆內地政權，沒收回鄉證。回歸以後，這一直成為泛民與內地討論的問題，而香港的開明建制派也認為應該讓他們能夠回內地看國家的發展變化。可是，北京調整政策緩慢。

今年 5 月中旬張德江訪港時，曾破例會見泛民主派的四位議員，成為香港回歸以來，中央和泛民代表的首次「近距離接觸」；那時香港親中媒體《大公報》也罕見以「同樣有愛國愛港之心但政治取向未必完全一致的人士」來稱呼泛民人士。並且，港澳辦主任王光亞更表明，只要擁護「一國兩制」都是建制派，泛民也

不例外。相信，此時北京已對泛民作出新的定位。

如果不是要先解決釋法除去「港獨議員」，發還回鄉證的消息可以更早宣佈。現在的問題是，北京調整對反對派的政策，伸出了橄欖枝，反對派是否也隨之做出理性的轉變呢？還要看。

（原刊於 2016 年 12 月 6 日《思考香港》）

馮檢基那一條窄巷

《馮檢基那一條窄巷》是馮檢基自傳的書名，也許這真是文如奇人，他從政幾十年走的路就似乎是一條窄巷，一路踽踽獨行。服務基層，他有過輝煌，也嚐過被邊緣化的滋味。馮檢基總結自己的「窄巷」的基本特徵是「一個宗旨，兩個支柱，三個目標」：一個宗旨，就是落實香港人標準的「一國兩制，港人治港，高度自治」；兩個支柱，是「民主民生」和「又傾又砌」；三個目標，分別是雙普選、貧富懸殊及宜居城市。事實上，「民主民生」，是馮檢基的民協的招牌，「又傾又砌」則更是其獨門絕技，無出其右，也是其「窄巷」的基點，相信當下香港只要提到此，那人人都知道這是馮檢基的路，儘管是一條窄巷。

如今的馮檢基，無官無職，孑然一身，也許他依然相信魯迅的話「走自己的路，讓別人去說吧」，但是香港民主運動當下最需要的是「新論述」。5 月 4 日，新當選立法會委員區諾軒出席民主黨前主席劉慧卿主持的網台節目，在回答關於他去年為何退出民主黨問題時，區這樣解釋，當時「民主派」中主張抗爭的一翼被打壓得厲害，整個「進步路線」基本上都被「剝光豬」，他為支持「進步路線」而退出民主黨。區諾軒說：「雨傘運動後，拉的被人拉，DQ 的被人 DQ，整個進步路線基本上被『剝光豬』。」劉

慧卿問民主黨是否被視為「退步路線」，區諾軒雖予以否認，卻坦承眾志領袖都在其立法會議員辦事處工作。一個簡單的對話，其實正是當下民主運動「無論述」的縮影。

馮檢基說，在 3．11 補選被不當排斥後，他也有了思索的時間和空間。5 月 3 日《明報》的一則新聞指，露宿者 4 年增逾五成，女性增兩倍。報道說，本港寸金尺土，基層難覓棲身之處，有人要露宿街頭。社會福利署最新數字顯示，過去 5 個年度本港露宿者登記人數由 746 人升至 1 127 人，4 年升幅 51%，其中女性露宿者人數增加近兩倍。馮檢基說，這一則小小的露宿者增加的新聞，正正是香港回歸至當下社會矛盾未解決以至激化的折射。具體而言，就是「三個未解決」：

第一個「未解決」：居住問題未解決，而且激化。回歸 20 年，樓價飆升逾一倍；呎價突破 2 萬。公屋輪候隊越輪越長，20 萬人輪候 5 年以上；私人樓宇越住越細，成為重大的社會危機。

第二個「未解決」：二次分配未解決，扶貧越扶越貧，堅尼系數突破 0.539，是全球貧富差距最大的城市之一。因而導致階級矛盾，社會矛盾激化。

第三個「未解決」：就是反覆說的「雙普選」未解決，《基本法》和「一國兩制，港人治港」方針所承諾的政治民主制度不落實，導致特首及其治港班子認受性差。而自上而下的「欽點」，導致行政長官「弱化」，並非「最好」的，而其施政也畏手畏腳，缺乏承擔。回歸 20 年四位特首，且不說解決政治問題，即使土地房屋問題也處理失敗就是證明。他們不能擺脫利益集團的羈絆，當機立斷，毅然決然，拍板承擔。

筆者在和馮檢基討論他的自傳的時候，對這「三個未解決」的論述眼前一亮。自香港踏入回歸過渡期，到如今已經回歸 21年，民主運動也不乏理論和論述，但是如今還能立得住的還有甚麼？翻看香港民主派的政治光譜，從溫和到激進，到本土、自決以至港獨，還有甚麼論述能夠成為立得住的指導理論？似乎還沒有可以超過「三個未解決」的論述。筆者感覺到，「三個未解決」的論述，似乎決定了傳統民主派繼續生存發展的空間，不但使到傳統民主派有開闊的政治舞台，更重要的是有立不敗的道德高地。自然，馮檢基強調的傳統民主派，就是與他的政治理念相同的溫和民主派，不包括主張港獨和自決的激進派。因為，在香港，搞港獨是沒有前途的，搞暴力也是得不到民眾支持的。

　　香港的民主運動，事實上與北京和國際的大氣候緊密相連，香港的傳統泛民派不能不看到中國綜合實力的大幅提升，不能不看到中國在國際地位的不斷提升，對於香港政治生態的影響。這最為直接的影響，就是擴大了建制派的勢力範圍，壓縮了泛民的政治空間。但是，北京對港澳政策經過 20 多年的反覆，也明確了傳統泛民是內部矛盾，期望反對派成為「忠誠的反對派」。更重要的是，「三個未解決」是結構性矛盾，因此決定了國內外大氣候不管如何變化，也改變不了傳統民主派因為「三個未解決」而獲得的生存和政治發展空間。

　　首先，香港「雙普選」是寫進《基本法》的，一天不落實，民主派就有奮鬥的政治舞台；而居住問題和二次分配的「未解決」則為反對運動提供社會基礎力量。林鄭月娥說 23 條立法缺乏條件，其實就是明白「三個未解決」引致的社會矛盾激化，雖然程

度上可能不及 2003 年，但是所差無幾。偏偏，在土地房屋政策，在二次分配問題上，特區政府傾向商家利益，而建制派中的商家和基層也是矛盾對立的。甚至在「雙普選」上，商家要保護既得利益，包括在立法會上的功能組別安排，利益千絲萬縷，他們不會放棄。而民建聯和工聯會則代表的是基層的利益，實際上他們要在選戰中得票，也需要靠基層的支援。因此，往往馮檢基許多為基層服務的政策主張，也變成民建聯和工聯會的行動。

馮檢基在自傳中說，當下看香港也不能只是「黃藍兩分法」，「一個區裏，可能有三成黃，三成藍，但是別忘記兩者之間還有四成人。」也許，他堅持他的「民主民生，又傾又砌」，那四成人逐步跟着那一條窄巷走，豈不是窄巷便成大路？

（原刊於 2018 年 7 月 13 日《明報》）

中美貿易戰的香港殖民地思維

　　中美貿易戰，香港只是觀眾？自美國總統特朗普 3 月發難，揚言對中國產品加徵關稅以來，香港各界一直在思索這個問題，而市場則率先敏感反應，連番下挫。香港是一個細小的經濟體，而且中美貿易有相當數量經香港轉運。香港商務及經濟發展局局長邱騰華接受媒體訪問時指，擔心中美貿易戰最終會波及並損害香港經濟，而美國與歐洲之間的貿易爭議，也會為香港帶來「無法估量的衝擊」。筆者認為，一旦中美貿易戰升級，其實就不僅限於經濟層面，將可能是全方位的角力。香港也就不單是思考如何在貿易戰中獨善其身，恐怕還要和從不吝嗇打香港牌的政治人交手。至於殖民地時期的「中美關係不好香港才得利」的小曲，不會再有。

　　邱騰華在隨行政長官林鄭月娥訪問法國時，就中美貿易戰議題接受媒體訪問。他指出，在中美進出口貿易當中，目前大概有 17% 中國貨品，是經香港出口至美國，而在中國內地進口的美國貨品中，有 9% 是經香港輸入至內地。據統計，中美貿易額超過 5 000 億美元，因此中美貿易戰對香港的影響是實質性的。

　　邱騰華還擔心中美貿易爭議會持續惡化，兩國多年來建立的關係正在走下坡，他對此感到十分可惜，擔憂貿易戰最終會導

致兩國日後只會在乎自身的利益。言外之意，擔心忽視了香港的利益。

香港對中美貿易戰所帶來的影響，也有一個認識的過程。早期，美國總統特朗普下令計劃對 1 300 項中國貨品加徵關稅時，邱騰華在出席電台節目時說，涉及 1 300 項中國貨品加徵關稅清單中，主要針對原部件及機械器材，例如數據處理器部件、攝影器材及錄影設備等，當中有經香港轉口至美國的貨品，涉及 600 億港元貨值，局方正研究有多少貨品涉及香港商界直接投資，初步相信對香港的影響並非想像中大。他又指 1 300 項貨品種類零散，好處是不會令單一產品的製作成本大幅提高，壞處是涉及範圍廣闊。

邱騰華還強調，香港並非美國今次的直接制裁對象，局方已透過駐華盛頓經濟貿易辦事處與美國政商界聯絡，了解及評估美方措施對香港的影響，但強調任何貿易戰都不會有贏家，最終只會令雙方消費者受害。

另外，邱騰華還公開表示過，香港是一個獨立貿易關稅地區，香港打開門戶做生意，沒有貿易壁壘，而美國一直以來都尊重香港作為一個獨立貿易關稅地區。因此，香港政府在此方面不能退，一定要據理力爭，也已透過雙邊關係交涉，指出徵收關稅無任何原因及不符合世貿會議安排，香港不應該被列入有關名單。同時特區政府透過多邊關係，要求以協力廠商身分參與中美之間的磋商。

另有商家觀點認為，鑒於香港是獨立關稅區，貨幣、金融體系與內地分屬不同制度，美國對華商品徵稅對香港的影響或會有所不同。美對華加徵 25% 的關稅，按照原產地規則，經香港轉

口的內地商品也在加徵關稅之列，香港對美轉口貿易難免受到影響，只是短期內受衝擊應該不大。如果貿易戰進一步升級，達到特朗普宣稱的 2 000 億美元加徵 10% 關稅水準，香港所受到的衝擊才會放大。但是，另一方面看，貿易戰推高關稅壁壘，香港作為自由港的優勢反而突顯。從歷史上看，上世紀 50 年代，香港的國際貿易中轉作用，一定程度緩解了西方對華禁運的影響，推動了香港國際貿易中心的成長和鞏固。中美若爆發貿易戰，貿易商會選擇更加迂迴的方式規避關稅，比如出口東南亞國家再轉口等。香港的航運優勢可發揮作用，幫助企業對沖貿易戰的影響，發揮風險規避作用。

顯然，香港對中美貿易戰認識有許多幼稚成份。邱騰華作為特區政府官員，他維護香港利益的心情和立場不容懷疑。但是，特朗普一旦死心與北京打貿易戰，又怎會對香港打開一扇豁免之門。試想，特朗普對中國貨品加徵關稅，又怎會赦免經由香港的轉口貨品？豁免香港不就等於豁免中國內地？而那種認為中美關係不好香港反而得利的想法，就更加離譜。今時不同往日，香港已經回歸祖國，不再是英國殖民統治，過去美國可能會照顧夥伴英國的利益，而今美國總統特朗普所表現的不確定性就是為自己或者美國利益可以不惜拋棄國際條約、國際慣例和國際公理，所以對其抱有幻想的心態極端離地。

值得一提的是，香港既然回歸祖國了，就完全納入了全中國的命運共同體之內，就要與國家共呼吸共命運，就不能留有英治時的與國家分離和區隔的思維，更不能依然抱守那種「走精面」的心態，否則弄巧反拙，或者撿了芝麻丟了西瓜。

事實上，中國加入世界貿易組織（WTO）之前，香港對中國經濟起着重要仲介作用，是內地對外貿易的主要中轉地，也是外資進入中國內地的重要管道。改革開放初期，大陸的經濟跟國際市場仍未接軌，香港成為了內地對外的主要門口，全中國對外經濟的聯繫幾乎都由香港扮演角色。而且，在美國予以中國最惠國待遇（MFN），在中國加入世貿組織過程中，香港也曾擔當遊說角色，為國家爭取最大利益。

但是，自 2001 年中國加入 WTO 之後，國家發展步伐一日千里，如今已成為全球第二大經濟體，而香港作為內地經貿發展的仲介地位漸趨式微。香港在金融、物流、航運等方面，在內地對外經貿交往中雖仍然充當橋樑，但重要性已不斷下降。從這個意義看，在中美這場貿易戰中，香港也幾乎沒有角色。在經濟層面而言，由於香港作為原產地的貨品出口美國的數量有限，因而影響也是有限的。另一方面，則因為香港的金融業在全中國經濟中還有相當角色，那麼，中美貿易戰在這方面的影響不能低估。除了香港股市的波動之外，香港港元幣值會否受到衝擊，是需要警覺的。

需要強調的是，在政治層面上做文章，也許是美國的鷹派智囊人物認為是成本效益更高的招數。香港已有論者說，支持香港「民主化」、撐藏獨和疆獨等流亡人士，都會是「備用」招數。港獨成不了氣候，但是也夠你煩。

（原刊於 2018 年 7 月 8 日《思考香港》）

香港需要五個英文電視台嗎？

香港需要五個英文電視台嗎？不知道蘇錦樑還會不會回答這個問題；也不知道前通訊局主席何沛謙，是否會慚愧的承認他過去制定的每個免費電視牌照需設一個英文台的政策是不適當的。不過，已可以「蓋棺論定」是，蘇錦樑、何沛謙以及通訊局都是香港電視業的「壞婆婆」。香港電視業今日的慘淡經營，他們有不可推卸的責任。

終於，有線電視遇到了「白武士」，鄭家純和邱達昌等出手注資收購，使到其不像我原來服務的亞視那樣在去年4月1日熄燈。而且，有線電視原來獲政府批出的免費電視牌照還有望可以開展營運。不過，痛定思痛，有線電視執行免費電視牌照之後，真的還要開一個英文台嗎？又多開一個英文台，成為730萬香港人的第四個英文台，會有收視嗎？會有廣告收入嗎？何沛謙當年無疑是挖了「大坑」，逼着電視業界往裏跳。

有線電視有幸找到了「白武士」，但是，香港的電視營運環境越來越惡劣的趨勢不會改變。亞視之前熄燈，自己經營不善，無可否認，但是有沒有人認真思考：為甚麼亞視掙扎59年只有一兩年收支平衡，而需要不斷注資不斷轉換投資者？老闆每每都說，之前的沒料，我來一定掂，結果都不掂。最後在牌照「死期」

前，還是有「白武士」願意獻身，但是就是有人要他死。我與一些外國電視業界朋友談起，不無唏噓，因為他們說，他們那裏絕不可能允許一個歷史悠久的電視台關門。

當然，即使當局關懷，有人再注資亞視，亞視也可能逃不過「蝕本經營」的宿命，因為這是一個結構性的問題，香港的電視市場狹小，只能容許一家免費電視台賺錢。有人說，TVB 的廣告收入分一些給 ATV，兩者都可以賺錢，可是市場競爭不是善良，老大一定要吃掉七成廣告才能生存。

當下，為何九倉要甩掉有線寬頻的包袱，之前申請到免費電視牌照也不要玩了，當然是看不到不蝕本營運的前景。事實上，新領了免費電視牌照的 ViuTV，開播以來也一直處於蝕本營運狀態。他們還要開一個英文台，只能是蝕得更多。以 ViuTV 東家的財力雄厚看，也足以證明香港電視業結構性困局。

這次，有線雖然是找到了新東家，但是對於香港電視市場來說，還是少了一家營運者，因為，有線的新東家之一邱達昌的永升亞洲一直都在申請免費電視牌照以便獨立開台；現時，實際是邱達昌移情別戀到了有線。因此，有線雖有白武士搭救，香港電視市場萎縮的趨勢依舊。邱老闆伸出援手其實是需要很大勇氣，他所說的要在三年後扭虧為盈，實在不是易事。

香港電視業的現狀，正正說明了過去何沛謙所說：香港還可以容納多三個免費電視牌照，是講大話。那時候，何沛謙主持的通訊局，對香港電視廣告市場做出了一個評估，指每年有近 180 億元之巨，事實上每年 TVB 廣告收入 40 億元左右，而亞視才 2、3 億元，與 180 億相差甚遠。有行家透露，那個評估是按表

面價單數來統計，殊不知，廣告折扣有時大至九折。在這個錯誤估計上的電視政策開放，自然不符實際，進一步惡化電視生態。

那時，王維基出席我主持的「把酒當歌」節目，我問他，你用 100 萬的重金拍一集劇集，如何能收回成本，他回答說，本港電視黃金時段有 300 萬的廣告市場，TVB 拿 100 萬，他也拿 100 萬，其他的讓其他的去分。當時，我就心想，他上了何沛謙的當，市場哪有這麼大的餅。說實話，王維基未得到免費電視牌照，實際是救了他，使他少做蝕本生意。

事到如今，如今已經離任的何沛謙不知會否捫心自問，他是否對得起電視業者。在他治下，通訊局儼然是另類的「小販管理隊」，與業界就是「貓狗關係」，更不要說為業界分憂解難。何沛謙治下的通訊局，可謂對業界罰款最多，遭到的司法覆核最多，而輸司法覆核官司也最多。

現時，新的通訊局主席已經上任，最主要的是，香港的電視業不但目前面臨經營困局，而且還在三年後面對革命性的挑戰。說回到英文台，香港真的需要那麼多嗎？每個免費電視牌照必須開一個英文台的硬性政策，難道不需要檢討嗎？歷史上，亞視和無線都各有一個中文台和一個英文台。英文台從來都是蝕本營運的。亞視一直都要求放寬限制，允許在英文台播放普通話節目，以增加收視和廣告，但是千求萬求，通訊局只開放一個小口子。現時，若繼續執行這樣的政策，也就是說，TVB 加上 ViuTV，政府的香港電台，還有有線電視將營運的奇妙，以及也可能獲批的鳳凰香港台，那麼有 730 萬人的小小香港將有五個英文台！有這個需要嗎？在營運環境不佳的環境上，還硬要做這個浪費資源

而又沒觀眾的英文台，香港電視老闆能不頭痛？

自然，開英文台是站在道德高地上的，因為香港是國際都會，而香港的英文水準在下降，但是，五個英文台也是否太多了？現實是，青年學子大都不看電視，而是上網找節目。硬要開那麼多英文台不過是站在道德高地放空炮。

事實上，香港電視市場正在醞釀着大變革。到 2020 年，世界互聯網將迎來 5G 時代。也就是說，三年後互聯網的速度是當下的 100 倍以上。那時，全球網絡電視無遠弗屆，所有的電視節目都可以經互聯網傳輸收看。香港的現有電視業者，都將迎接這一挑戰。收視觀眾和廣告收入都將被大大分薄。香港當局有考慮幫助業界克難前進嗎？

也許，僅僅三年後，通訊局管理電視的部門要關門了，不但收費電視牌照都交還政府，免費電視牌也失去意義。

（原刊於 2017 年 4 月 28 日《明報》）

美妙的統戰大棋
及修例風波三個悖論

　　國家主席習近平邀請到法國總統馬克龍參加上海第二屆中國國際進口博覽會，以及在上海接見香港特首林鄭月娥，可謂在百年之大變局中下了兩着美妙的統戰大棋，與馬克龍是國家統一戰線，香港則是「一國兩制」統一戰線。「一國兩制」行得好不好，其實也是統一戰線搞得好不好。於是，美妙的統戰大棋，與香港五個月來修例風波出現的三個悖論，形成有趣的對比。

　　馬克龍雖然後生，但是可畏。他竟然敢「脫美」，要「重塑歐洲」。他要建立歐盟軍隊，要維護多邊主義和貿易自由化。他的主張，當然也是如今百年之大變局中的一極。習近平與其聯手，相信特朗普不樂見。而這個不樂見，不正是國際統戰棋盤的大棋？

　　習近平見林鄭月娥，有點而出乎「意外」。因為四中全會前，傳北京換馬聲不斷，不但林鄭班子要換，北京涉港班子也要換。但是，習近平表示充分信任林鄭，張建宗即時說打了「強心針」。事實上，習近平「止暴制亂、恢復秩序仍然是香港當前最重要的任務；依法制止和懲治暴力活動就是維護香港廣大民眾的福祉，

要堅定不移；同時，要做好與社會各界對話和改善民生等工作」，也有指點迷津下指導棋之意，但是，基本方針還是挺林鄭用林鄭。

筆者倒是想起「西安事變」，當時「殺蔣」聲不斷，但是毛澤東最終擁蔣為中國抗戰大旗手。事實證明，這是極為高明的統戰大棋。如今，北京堅持用林鄭，第一，為林鄭班子打氣，止暴懲暴有支撐；第二，明確中央繼續「港人治港」、「港人自我教育」的思路；第三，防止建制派分裂公開化，事實上想做這個位子的人太多，此時換馬只會亂上加亂而一發不可收拾。所以，在當下建制派對林鄭極為不滿的背景下，習近平依然選擇林鄭，必然不是一步隨意之着。

由於這場風波已延續五個多月了，暴力周周有之，正常社會秩序嚴重破壞，族羣撕裂，瀰漫着焦躁不安的情緒，但是中央政府堅持不直接出手，甚至眼見中聯辦被衝、中資銀行和新華分社被砸也不出動解放軍，相信就是讓香港人「自己教育自己」，從吃盡苦頭中重整基本的政治認知。從中，筆者倒是悟出三個悖論。

悖論之一，香港的國民黨努力反共，卻沒想到為台灣民進黨的蔡英文「送槍送炮」，害了國民黨的候選人韓國瑜。

香港當下的這場「完美風暴」，從某種意義而言，也是「國共內戰」的延續。也許有人不同意，香港那還有國民黨啊，李登輝時代就放棄了。但是，當下運動的核心就是反共，這已是不諱言、不偽言、不掩飾的。且不說街頭隨處可見的「天滅中共」的口號，也不要說針對中聯辦、中資銀行、親中商舖的暴行，就算「光復香港，時代革命」的這個運動的核心口號，也有着濃重的國民黨語言色彩，使人很快想到「反攻大陸、光復大陸」的口號。

讀番書的人，可是不太會這樣說。誠然，作為現行組織的國民黨香港黨部不在了，而且很多老國民黨員，絕對是忠誠的中華民族一分子，絕對是反港獨反台獨的。但是，國共的恩怨情仇是那樣根深蒂固啊！

而 1949 年以後，國民黨敗退台灣後，在香港佈下的力量是那樣深厚，在香港各界，在各種堂口。克什米爾公主號事件，1956 年雙十節事件，記憶猶新。香港的社會構成，自大陸土改、三反五反、四清、文革以及期間的多次逃港潮，累積了大量反共拒共非共人士；重要的還是，反共拒共非共意識的代代相傳，成為「完美風暴」的重要社會基礎。所以，一種很矛盾的奇特現象出現了，很多的社交羣組，一方面極力參與暴亂，一方面卻積極為韓國瑜助選。殊不知，反送中越有勁，越為韓國瑜的對手「送槍送炮」。

悖論之二，回歸後追求民主 22 年，到頭來卻走上了「革命」及「暴力」的道路，一夜之間最有法治和民主核心價值的貴族語言和華麗外衣，被撕得乾乾淨淨一絲不留。

民主運動一旦被暴力騎劫，必然走向反面；暴力的不歸路，必然是恐怖活動。這其實，也真不需要美國眾院議長佩洛西指點提醒。這早就是甘地、馬丁路德金等國際民主鬥士的經驗，也為中東經久不息的恐怖活動所證明。在香港，也已有深刻的教訓，2014 年「佔中」及其後的「旺暴」，都說明民主運動就是要耐得住性子，只有「和理非」才有道德高地，暴力就只會自陷不義。黑衣及蒙面，就是不能站在光明正大的道德高地上的示弱行為。

問題是，真理在於堅持，動搖只會走到邪路。香港傳統泛民

包括「佔中三子」本身都是堅守「和理非」理念，但是錯在不割席並起到了縱容的作用。「和理非」的泛民也許想利用勇武派，作為側擊力量，殊不知勇武派同樣也在利用「和理非」，並且拖了「和理非」下水。本來，法治、自由和追求民主，是香港引以為傲的核心價值，可是運動出現暴力之後，這些核心價值鮮有人講了，高貴的精英們被社會欠教養的底層所左右，暴力越來越升級，並且越來越獲得正當性。但是，暴力再有正當性也不會變成民主，更不會是法治。瞬間，那件華麗的貴族外衣掉了下來。掉下來是那麼容易，再穿上就不知猴年馬月了。

悖論之三，反修例歸根結底是獲取更多的管治權，但是實際似乎卻證明了「港人不能治港」。

逃犯修例早就壽終正寢了但是停不下來，自然介入各方各有各的目的，美國有美國的，台灣有台灣的，反習的也有盤算。香港的反對力量要甚麼？當然是要管治權。但是，有眾望所歸的「領袖」脫穎而出？且不說，傳統泛民沒有敢於承擔的人士冒頭，勇武派黑口罩遮面不敢示眾更不要說出來帶領香港；黎智英算是有膽之人帶頭遊行，也寫文章，下指導棋，但是他是為美國而戰。也許，真的允許反對派中間產生特首，首先是自相殘殺，刀刀見骨。理論上，香港「一國兩制」的頂樑柱是資產階級，可是深入分析亂局，他們卻是「深層次原因」。林鄭及其班子這次輸得很慘，而且也證明 5 月來多次犯錯。最令人詬病的是，她未有大膽識利用新一份施政報告翻盤，全民退保不敢為，全部收回粉嶺高球場不敢為，還是像小腳女人派糖，毛毛雨不濕地。試對比，「六七暴動」後港英政府大刀闊斧構築社會安全網，相比之

下，不能不令人思考，港人做特首是否能擺脫既得利益集團束縛而有效治港。不過，中央還是挺她，因為她能捱到現在不容易，敢捱下去總比換新馬好。

（原刊於 2019 年 11 月 6 日《思考香港》）

香港黑色暴亂的基礎性原因
及港府的責任

2019 年 6 月 12 日，晚 7 時。金鐘一帶。反修例的示威者仍然與警員對峙。為了控制場面，警方又施放了一輪催淚彈。

晚 7 時還差 1 分鐘。樂富房委會玻璃門就要關上，飛奔而來的一男一女衝了進去。大門關上後 1 分鐘，還有一人趕來。不過，大門緊閉，不管如何苦苦哀求，看門的如同「鐵面包公」，就是不為所動。

其實，衝進門的男女朋友，與吃閉門羹的人命運差不多。在 2019 年，香港發售的這一期居屋，一共 4 871 伙，累計遞交申請表近 30 萬份，比上一期多出 8.8%，中籤機率是 1.6%。許多人說，抽居屋如同抽六合彩。這對男女抽不中的機率為 98.4%，所以實際命運和吃閉門羹一樣，只能將希望寄託在無盡的「下一次」。

6 月 12 日上午約 8 時，大批示威者在金鐘添馬公園一帶集會，未幾便衝出夏慤道與龍和道，包圍了立法會，誓死阻止香港立法會恢復《逃犯條例》草案二讀辯論。警方事後公佈，為了控制場面，期間發射逾 240 枚催淚彈、約 3 發布袋彈、約 19 發橡

膠子彈和約 30 發海綿彈。當天早上，香港立法會秘書處宣佈，立法會主席梁君彥決定延遲當日立法會大會，到了下午又宣佈取消大會，延後審議。之後，示威衝突不斷，立法會秘書處先後宣佈取消 13 日和 14 日的立法會大會。至 6 月 15 日，行政長官林鄭月娥宣佈暫緩修例。

筆者了解到，在這一期居屋的申請截止前，有街坊參加示威活動後才趕去交表，入夜之後依然有數十人排隊。有一對居於租賃公屋的甘姓夫婦為 3 名子女遞交 3 份白表單身申請表，他家的居住環境非常狹窄，雖然情況較劏房或籠屋好，但一家八口住在約 400 呎的租賃公屋單位，子女已 20 至 30 歲，每日仍要席地而睡，平日更要「爭廁所」。他們坦言無力購入高價私樓，只好碰運氣抽居屋。而今期居屋單位實用面積介乎 276 至 568 平方呎，以市價 59 折出售，售價由 156 萬至 529 萬元。其中「居屋樓王」的何文田冠德苑 C 座 16 樓至 27 樓的 3 號單位，實用面積達 568 呎，可間成三房單位。這，當然是甘家夢寐以求的恩物。

除了「30 萬人遞表抽居屋」，還有「26 萬人排隊上樓」。6 月中示威活動起跑之時，香港公屋輪候冊再創新高，約有 15.02 萬宗一般公屋申請，非長者一人申請個案約 11.75 萬，兩者合共達 26.77 萬宗。一般申請者的平均輪候時間由去年 5.3 年，增至 5.5 年，政府原先承諾的「3 年上樓」目標早成泡影。

「30 萬人遞表抽居屋」加「26 萬人排隊上樓」，這兩句話內裏可是包含着無法量度的怨言、不滿，以至憤懣和戾氣。筆者也相信，這當中有大量的大專畢業生，他們一個要聯繫幾個人上街示威不是難事，當然所謂的 200 萬是假話，但是 30 多萬不滿政府

人士則是隨時可以動員的。

　　國家主席習近平在澳門回歸 20 週年慶典講話中，總結了澳門「一國兩制」成功實踐的 4 點重要經驗：第一，始終堅定「一國兩制」制度自信；第二，始終準確把握「一國兩制」正確方向；第三，始終強化「一國兩制」使命擔當；第四，始終築牢「一國兩制」社會政治基礎。習主席藉澳門回歸 20 週年，首次提出「一國兩制」的社會政治基礎的概念和課題，要求始終築牢這一社會政治基礎。筆者認為，對於一國兩制的偉大事業，如何牢牢打好社會政治基礎，是一項千秋萬代的戰略性工作，是值得香港人深思，香港輸澳門也就輸在社會政治基礎上。香港特區「一國兩制」要重回正軌，如何安撫「無殼蝸牛」，平息他們的不滿，當是重要課題。

　　阿 Ben 是其中一個參加了「6.12 示威」之後才去交抽居屋表的酒樓大廚，筆者問他政府為何要修訂逃犯條例，條例中有何不對，為何要把移交逃犯污名化為「送中」，政府修例有否傷及他和家人及朋友的利益？他一問三不知。至於談到舉美國旗、英國旗，要求「香港獨立」，他則說絕對不同意，也絕對不可能。他說，他只希望有工作之餘，也有自己的一個小天地。他說，按他的收入，是不可能排隊上樓住公屋的，但是也買不起天價般的私樓，唯一的希望就寄託在抽居屋上。而當下，他只能租住在「劏房」內盼望「天明」。說到激動處，他恨自己沒有本事賺大錢，也恨自己生不逢時，但是更恨政府無能。他說，為了出氣，凡是反政府的集會遊行他都去參加。他還說，他身邊的朋友都和他一樣的處境。

說來也怪，香港陷入半年多的暴亂，歷經了連月的打砸燒，但是樓價依然堅挺。有分析指出，2019 年整體樓價仍是上升年，預計升幅仍有 7% 左右。據統計，目前香港平均房價一個單位高達約 973 萬港元，平均豪宅價格則為 5 416.5 萬港元，成為全球之冠！

　　一直以來，香港也是全球公認的房價最難以負擔的城市。根據美國城市規劃諮詢機構 Demographia 發佈的《全球房價負擔能力調查 2018》報告，在包括美國、澳大利亞、日本等 9 個主要國家和地區的 92 個城市中，香港連續第 8 年奪得「房價最難以負擔」這個頭銜。而香港人想要買一套房有多難？根據統計處的最新資料顯示，香港雇員平均月入 1.75 萬元，即不吃不喝 68.5 個月或接近 6 年才能儲到 120 萬元首期。現實是你沒有可能不吃不喝，加上買樓還要有稅項、經紀費、律師費、裝修費等開支，動輒要花多數十萬。換言之，一個普通香港人，為置業交付首期儲錢十年八載，是起碼的支出，要完全供完款，則至少還要一倍的時間，也就是說一個單身青年要置業的話，需要耗盡其人生最美好年華的奮鬥所得。也有不少年輕人需要動用父母的「棺材本」資助首期，所以許許多多青年人覺得人生沒有甚麼意義。阿 Ben 就說：難道我一世人就是為了一間遮頭安身之地而苟且偷生？

　　樓價超高，也使香港出現了「納米樓」的奇特現象，這也是當今世界的國際大都會城市中罕見的。灣仔一個「納米樓」套房放租，面積 120 平方呎（約 11.15 平方米），月租 7 500 港元。就在這個車位大小的面積裏，除了放置一張床，還設置了灶頭、廁坑、淋浴花灑和洗衣機。上班在摩天大廈，下班徘徊在五光十色

的霓虹燈下，回家則蹐身在這般「納米樓」裏，宿者往往不是變為易怒的神經質，就是目光呆滯的失去生活興趣之人。

然而，這些「納米樓」有增無減。有報告顯示，香港實用面積不超 215 平方呎的「納米樓」落成數目，2014 年只有 64 個，但 2019 年預測數目卻高達 1 066 個，5 年內增幅近 17 倍。自然，這種增加是市場規律使然。

在香港，近 20 萬市民租住劏房，人均住房面積不到 60 平方呎。香港這座繁華的「東方之珠」，整體經濟實力亞洲排名前列，但一般港人居住單位面積卻越縮越小，這是多麼可悲之事。

香港的住房困境，是香港的民生大問題，也是經濟大問題，更是政治問題，以及所謂香港的深層次問題。自然，這是香港特區政府施政的大事。在發生這場黑色暴亂之前，筆者就認為這是香港第一等的大問題；在香港不得不將止暴制亂放在頭位之時，其實也必須同時着手改善市民住房問題。事實上，無論是建制派的主要支持者，還是反對派的主要支持者，都在深受住屋問題之苦。

對於香港 2019 年的黑色暴亂，到底原因何在？這是一個極具爭論性的課題，或許到了 2047 年，香港各界都不會有一個共識。事實上，不同階層不同見識的人士會有不同的視角和不同的答案，尤其是對不同因素的量化更會見仁見智。香港這次動亂中有 7 000 多人被拘捕，其中大部分是年輕人，學生佔了四成多，而且有 80 多名教師或教學助理被拘，詛咒警方、煽動仇恨、帶學生參與非法遊行的老師更是大有人在，不得不承認香港的教育出了問題。尤其是相當部分回歸後才出生的年輕人，竟然舉起美

國旗、英國旗，崇美崇英而不認同自己是中國人。

尤其需要譴責的是，香港回歸以來不少老師不但沒有對學生進行正面的國民教育，而且自身對中國歷史對中國共產黨歷史知之甚少，更多接受西方社會對自己的國家及執政黨污名化宣傳，並對學生的教育扭曲事實，破壞尤深。還有香港的司法界、香港的大律師，明知是違法之事也教唆他人去做，並恬不知恥加以正義化；香港的某些媒體違背職業道德，散佈假新聞，抹黑警隊，抹黑政府，都在動亂中扮演不光彩的角色。在香港的內部因素還可以找出很多，而外部因素，美國為遏制中國發展打「香港牌」，台獨勢力為保住大位「抗中反共撈到槍」，內地的反共力量亦捐款捐物出謀劃策興風作浪，也都是不可否認的事實。總之，香港的黑色暴亂，有內部的和外部的，歷史的和現實的，經濟的和社會的，物質的和意識形態的，深層次和新形勢等複雜的因素綜合起作用，不可片面而論。

但是，不論如何看，香港長期累積的住房問題，肯定是這次黑色暴亂的基礎性因素。必須重視的一個問題是，香港至少有六成人站在反對派一邊。直至 2019 年底，黑衣暴徒打爛街燈、砸商鋪、燒銀行和車站、騷擾酒樓食客，甚至將大學變為兵工廠，還有私藏槍支彈藥，開槍拒捕等，很多罪行已經上升到恐怖主義級別，但是調查還有四成人同情或支持暴力行為。這說明，香港這次動亂是有一個龐大的社會政治基礎。

各種的外因都是透過內因起作用的，也就是說，美國、台灣以及內地的反共力量能夠興風作浪，都是透過香港龐大的社會政治基礎而發揮作用的。其中，相當重要的是，回歸後節節攀升的

樓價使香港一般市民尤其是青年獲得感不強，加上向上流動的機會渺茫的多重煎熬，助長社會不滿情緒的累積及疊加。反華、抗中、抗共以至分離主義思潮，自然順理成章得到市場產生共鳴，一些極端的青少年便接受唆擺，收受金錢而走上街頭成為反對派的勇武分子，以至發展到暴力破壞行為。試想，在這次暴亂中被拘的青少年基本都是回歸以後才出生的，他們既沒有在英殖民統治下生活，也對內地的歷次政治運動不了解，也許他們中的一些人的父母曾在內地土改、三反五反、鎮壓反革命以及四清運動、文革中受過衝擊和打壓，從小受到一些「拒共、抗共、仇共」的教育，但是香港之所以形成過半數的反特區政府和中央政府的力量，是不能不從他們的切身利益和感受去尋找主要原因。

香港有些地產商不同意這種看法，認為「香港民生有問題，但根在政治生態」。可以毫不客氣地指出，香港的地產商是香港回歸後的最大既得利益集團。20 多年來，特區政府的政策向他們傾斜，當決策者明白再這樣下去香港要玩完了，要做出改變時，他們也出來反對、阻撓。梁振英政府雖曾信誓旦旦造地解決土地供應不足問題，但是五年過去一無所獲。林鄭月娥上場也是「拖字訣」，用了一年來討論。筆者敢說，如果梁振英五年縮窄了土地缺口，如果林鄭月娥上場就決定收回粉嶺高爾夫球場建公屋，那麼，「30 萬人遞表抽居屋」和「26 萬人排隊上樓」現象就可能不會出現了，或許會少了五六十萬不滿人士。筆者堅信一個真理，無論何種政治制度的社會，經濟基礎決定上層建築，利益得失決定政治立場態度。

故此，香港要重回正軌，須在深化「一國兩制」社會政治基

礎上做文章，而且還不能是空頭文章，需要有看得見摸得着的實際利益。一句話，特首林鄭月娥需要在解決房屋問題上大刀闊斧，立竿見影。可惜，在暴亂中，也就是 10 月林鄭月娥公佈的新一份施政報告還是縮手縮腳。

在她公佈這份施政報告前，筆者曾經公開建議，政府應當機立斷收回粉嶺高球場悉數建出租公屋居屋。筆者在建議中還特別提到，重大社會危機後，必然需要斷然決然的舉措緩和社會矛盾。上世紀香港的「六七暴動」之後，當時的殖民政府推行安撫政策，如今依然成為香港居住支柱的廉租屋政策因此應運而生。可能，這一課需要當今特區政府重溫。林鄭月娥與政府及時做幾件實實在在的，讓市民看得見摸得着，而反對派想要反又反不得的民生大事，則非常有必要。這也是壞事變好事，趁機解決香港多年累積的社會矛盾的契機。

筆者還提到，特首林鄭月娥雖然就解決房屋問題，推出短、中、長線房屋政策措施紓解民怨，但由於政府效率低下，欠債太多，不能在短期內解決這一香港社會的燃眉之急，必然使市民失望。林鄭月娥為了釋出誠意，必須要有使社會震動的「驚人之舉」。筆者還特別指出，按照政府土地小組對粉嶺高球場的意見，主要是保留，僅發展 32 公頃粉嶺高球場，其餘 140 公頃不收回不改變。行政會議 2019 年 2 月接納建議，決定局部發展位於粉錦公路以東的 32 公頃粉嶺高球場作房屋用途，並以公營房屋為主。不過，這還是數年之後的事情。政府表示，2019 年下半年開展技術性研究，並與香港高爾夫球會在 2020 年 8 月地契期滿後，訂立為期 3 年的「特別過渡安排」讓其繼續使用，對其餘 140

公頃高球用地的用途續期至 2027 年 6 月。

或許，這個方案，在年初之時，算得上一個折中的照顧各方利益的平衡方案。但是，在「6 月風暴」之後的當下，特區政府需要作出適應時勢的政治判斷及抉擇。這就是，立即宣佈收回整個粉嶺高爾夫球場用地，包括原定的 32 公頃及其餘的 140 公頃，合共 172 公頃土地，全部用來建公營房屋，其中出租公屋可以達七至八成，各種類型的居屋達二至三成。

按照政府方面的方案，劃出的 32 公頃土地可以建 4 600 個房屋單位，這是中等或略高密度的規劃，也有土地關注組質疑這太保守。然而，即使按照這個密度水準，整個粉嶺高球場，也仍然可以提供近 25 000 個單位。筆者聽一些專家意見，相信提高密度，可以輕易獲得 3 萬多個單位。由於粉嶺高球場土地平坦，雖然有樹木保育和古建築保育問題，以及加建道路交通設施問題，但是施工難度不高，施工週期不長。也就是說，一旦政府決心盡快悉數發展，這對於「26 萬人排隊上樓」以及「30 萬人遞表抽居屋」來說，是一個可期可盼的特大好消息。這當然也是林鄭政府 6 月風暴後送給香港市民最大最好的禮物。

然而，她沒有吸納，還是按部就班，緩慢建屋，令人不解。

筆者在 2019 年聖誕節期間完成此文，其時黑衣人依然在打砸燒，製造 1941 年香港淪陷以來第二個黑色聖誕，止暴制亂依然是第一位的任務。不過，政府千萬不要將恢復社會正常秩序與解決房屋問題割裂開來。相反，應該將緩解住房困局，作為止暴制亂的基礎性工作去認真做好。

根據房委會的資料，2020/2021 年的公屋建設量，由早前預

測的 12 400 個，急跌至僅及一半的 6 100 個，與早前政府定下目標數量每年 31 500 個相比，仍相差甚遠。未來在最樂觀情況下也只能供應 248 000 個公屋單位，也就是說未來 10 年內仍有最少 67 000 個公營房屋單位短缺，「公屋斷崖」幾已確定。

政府首份《長遠房屋策略》（長策）訂出未來 10 年間（即 2015 至 2025 年）要興建 20 萬個公屋單位及 8 萬個資助出售單位的目標，並預料 2020 年、第二個五年計劃開始，建屋量將有起色，惟事與願違，該兩類房屋的實際落成量，與目標愈扯愈遠。過去 5 年累積的「屋債」逾 65 000 個；而且根據政府預測，未來 5 年都不可能達標，直到 10 年建屋計劃完結時，「屋債」將累積至逾 121 000。

怎麼辦？林鄭政府能不急嗎？

在平安夜，筆者問阿 Ben，有去搞嘢嗎？他說沒有，他不要「攬炒」，也知道「港獨」是雞蛋碰高牆，他只要「有瓦遮頭」，安居樂業。政府聽到了嗎？

（原刊於（2019 年 7 月《思考香港》））

為何香港黑社會仇殺再度活躍？

10月6日，香港尖沙咀發生涉及黑幫謀殺及傷人案。一間位於閣樓的酒吧凌晨零時，因應「限聚令」需打烊，職員建議包廂內十多名客人離開，惟客人拒絕離開並大吵大鬧。隨後召來約十名大漢進入包廂大肆破壞搗亂，以枱凳、玻璃樽作武器互相追打，混亂間四名酒吧職員被打傷，其中一名頭部重傷男子送院搶救後不治。

香港《大公報》報導，酒吧原為黑幫「和勝和」負責睇場，近日改由另一黑社會組織「14K」主理。而案中四名死傷者均有「14K」背景，年齡介乎 34 至 49 歲。

香港黑社會仇殺至死，今年已是第二宗。

香港屯門地區黑幫「14K」的地盤被盤踞尖東「新義安」覬覦。「14K」一小頭目 Gary 本想投靠尖東「新義安」，但不成事。Gary 便懷恨在心，着手下向新義安尋釁滋事。雙方因此而不時發生衝突。今年 7 月 18 日，尖東「新義安」人馬到天水圍斬傷 Gary 一名手下。Gary 一方即「搬兵」駕車兜截「新義安」團夥，兩夥人在屯門凱都戲院外圍毆。21 歲的「阿 Bee」驚見「新義安」同門揸打趕來相助，但被對方駕車撞斃。

今年短短兩個月接連發生黑社會仇殺致死案件，引起社會震

動。事實上，黑社會仇殺致死案件已經十多年沒有發生過，再早前案件發生在 2009 年 8 月。被稱為「尖東霸王」的李泰龍，在尖東五星級酒店九龍香格里拉正門外遭仇家伏擊。先被狂飆車撞斷雙腿，再亂刀劈殺身亡。

李泰龍生前為「新義安」的「四二六雙花紅棍」頭目，2006 年其為兄弟出頭打傷另一黑幫「和勝和」頭目「紋身忠」，招來血光之災。

其後，香港警方高調進行反黑的「雷霆掃穴」行動，黑幫社團之間也擺「和頭酒」，李泰龍的家人答應不復仇。其妻子在葬禮上的輓聯寫道：「世事竟何如恨，一夜腥風夢斷」。

為何十多年過去了，香港黑社會仇殺再度活躍？

事實上，去年以來香港社會鬥毆事件之頻密也是近十年罕見的。

2020-09-28：

廟街 6 男女疑因宵夜噪音遭圍毆，其中 4 男同告受傷。

2020-07-08：

尖沙咀非華裔青年遇襲受傷浴血　4 施襲男子逃去無蹤。

2020-06-30：

油麻地「釣魚機」賭檔 4 人捱斬，其中 1 人刀傷見骨，自行乘的士求醫。

2020-06-30：

尖沙咀男保安攞士巴拿襲擊七旬男住客，地下大堂血漬斑斑。

2020-06-28：

葵涌 4 男女遭鐵鏟摺凳圍毆，全部浴血，1 男頭部重創昏迷送院。

2020-06-20：

男子尖沙咀街頭遭羣煞追斬，手腳中刀浴血。

2020-06-18：

灣仔樓上酒吧傷人案，4 人被 10 多名大漢爆樽追打。

2020-06-07：

因相互目光仇視惹血光之災，大埔醉男被毆一度昏迷。

2020-05-08：

尖沙咀商廈天台爆圍毆衝突，疑因目光問題起爭執，兩青年受傷。

2020-04-13：

旺角街頭男子捱斬浴血，身中多刀倒地昏迷，目擊者：斬甩半邊耳仔。

2020-03-18：

油麻地男子遭 3 刀手追斬　負傷逃走 50 米倒地。

2020-01-30：

20 歲醉男尖沙咀酒吧起爭執　遭八人刀襲兼拳打腳踢。

2019-12-23：

葵涌男女疑感情問題爭執，16 歲少年遭數人圍毆。

2019-12-20：

南亞漢疑於清真寺對開遇襲，胸口中刀自行求醫。

2019-12-12：

大埔機鋪遭兩刀賊劫走 4.5 萬元　女店員受傷。

2019-10-17：

旺角停車場保安疑爭執，錘仔扑傷男同事頭部。

……這些片段，事實上只是被媒體拍到照片的鬥毆仇殺事件，只是警方記錄在案的冰山一角。

香港黑社會問題，是香港被殖民155年遺留下來的畸形的獨特社會問題。黑幫團體在香港社會的各個層面滲透之深遠超乎內地人的想像，遠不止內地人從影視螢幕上所見的「古惑仔」，不但在娛樂圈、在夜店、在酒吧、在街頭巷尾的暗角……也許你最崇敬的大富豪，你仰視的戴假髮的大法官，你佩服的滔滔不絕雄辯的大律師，都有一些難以啟齒的故事。

香港回歸之後，黑社會收斂，相當大部分高層人物「金盤洗手」，轉做「正行生意」，關鍵是北京的政策好，給予重新做人的機會。故此，回歸20多年來香港治安一直呈現相當良好狀態，香港處理黑社會政策成功，起了重要作用。

可是，2019年發生「黑暴」事件，美國、台灣等外部的反華勢力與港獨分子勾連，發起了旨在摧毀香港特區政府，摧毀「一國兩制」的暴亂事件。一方面，他們直接利用黑幫分子做各種衝擊政府機關，打砸中資機構，破壞各種公共設施的犯罪行動。頭面人物黎智英，年輕的時候就在黑幫社團打混過，在去年的行動中也屢屢拋頭露面，只不過身邊也有雇傭軍做保鏢。另一方面，由於香港三萬警力忙於鎮暴，疲於奔命，客觀上也給予了黑社會重新活躍的機會。

那麼，為甚麼到了今年下半年鬥毆頻密，以至發生仇殺命案呢？

第一，7月1日港區國安法正式實施，迅速止暴制亂，剎住了種種騷亂行動。這實際上也堵住了黑幫分子「收錢衝擊破壞」的財路。據悉，黑暴分子衝在一線的一次有過萬港幣收入，一個月下來往往可收十幾二十萬。有了錢，便可買「白粉」、玩女人。

第二，不能不說到新冠疫情的影響。香港從春節後封關，至今疫情不斷，是整個中國地區防治疫症最差的地區。「封關」也使到香港成為「死港」，百業凋零，失業增加。黑社會幫派爭奪地盤日趨激烈，既是因為失去了「黑暴」財源，也是因為經濟不景想做正行也沒有機會。

所以說，當前香港黑社會的仇殺，正正折射出尖銳的社會、經濟和政治問題。香港特首即將公佈新一份施政報告，需要正視及積極去解決這些問題，以免積重難返。

（原刊於 2020 年 10 月 8 日微信）

屈膝於無文化黑報老闆的悲劇

12 月 22 日，民主黨創黨主席李柱銘、民主黨前主席何俊仁和公民黨主席梁家傑三個反對派「大佬」去赤柱監獄探監。探的是何許人？被控違反「勾結外國或境外勢力危害國家安全罪」及欺詐罪的黎智英是也。赤柱監獄是高度設防的監獄，黎智英被提訊須鐵鏈纏腰、鎖上手銬出入，三個反對派「大佬」在監內逗留兩三個小時，並無透露內容，想必是既聽黑老闆面授機宜，亦為其保釋出謀劃策。不知一股歎息之情從心底升起，因為三人以前都上過筆者在亞視主持的「把酒當歌」節目，也常常有理性爭民主之言，但想不到的是，三個有文化之人為何竟屈膝於沒有文化之人。筆者也在《蘋果日報》做過，知道肥佬黎只是「小學雞」，但也喜歡舞文弄墨寫些狗屁不通的字句。看來，還是「有錢能使鬼推磨」。

只是，三個有文化的泛民大佬，要聽「小學雞」報老闆之笛，難怪民主黨和公民黨正一天天式微下去，着草的着草，候審的候審，有經驗的老嘢收山，嘴上沒毛的二打六坐堂，口中雖然還念念有詞「三條戰線」不停，實際「眾籌」掠最後一筆水的鼠輩狷獗。

新任民主黨副主席的林卓廷被指涉及去年元朗「721 暴動」，被控暴動罪，21 日再提訊。林原本的保釋允以處理公務為由暫

准離港,但再訊被收緊,禁止林在保釋期間離港,並要收回林的旅遊證件。事緣身負三宗案件、九宗控罪、保釋候審的前民主黨立法會議員許智峯,周密計劃,拋下黨友流亡海外,並退出香港民主黨。可笑的是民主黨主席胡志偉還為其擔保會回港。有其黨友埋怨,許智峯「錫身」,其實控罪不重,坐監還可以增加「政治資本」,這一走不就形同多米諾骨牌,全黨雪崩?

　　不過,民主黨比公民黨還是好些,新班子出台,經歷過「回歸全過程」的老人都退了下來,羅健熙和林卓廷、梁翔婷等青頭仔主政,可能華叔在世也「冇眼睇」。民主黨奉行「民主回歸」路線時,他們尚沒出世或者著「開襠褲」,怎麼理解民主黨路線的由來和社會基礎呢?不過,李柱銘、何俊仁、楊森、李永達等早就是黎智英的「密室之友」,也就無所謂民主黨的歷史傳統了。也許,若然華叔尚在,民主黨也就不會成為「黎智英黨」。

　　羅健熙據說還是當下民主黨的筆桿子,有點兒論述能力。在回歸廿周年民主黨研討會上,羅健熙寫了個決議文反港獨,反暴力,首要工作爭取盡快落實真普選。但是,事實上過去幾年尤其在「黑暴」期間,民主黨從來不敢與港獨和暴力割席,反而同意「兄弟爬山,各自努力」。每每暴動前的「和理非」遊行,民主黨的大員們都傍著黎智英亦步亦趨。羅健熙在當選主席後表示,「未來會有一段很長的黑暗時期,打壓將會愈來愈多」。他也不表明是否重返議會路線。事實上,在公民黨四名議員被 DQ 之後,民主黨議員也悉數請辭,是最「戇居」不過。放棄了議會舞台,民主黨就甚麼都不是。黎智英經營的所謂「三條戰線」:「街頭線」,實際就是街頭暴力線,也就是一條坐監線;「國際線」,就是國際

反華線，就是國安法上的勾結外國或境外勢力危害國家安全，也必是死路一條。像許智峰、梁頌恆、羅冠聰等着草之人，在國際大舞台上不過小貓小狗，在西人眼裏他們在香港鬧騰一下還可以給點錢，跑到國外就是「吃白食」的。就算黎智英有命到美國，也就是乞丐一個。

本來，筆者以為大律師梁家傑清高，不會去舔黎智英的飯碗，可惜呀還是敵不過江湖力量。原來公民黨「四十五條」起家，也不過是為了選特首，且與北京也有交往，不但應該很清楚「港獨」和「暴力」這兩條不可觸碰的紅線，而且是很有希望扮演「忠誠的反對派」的角色。然而，也入到黎智英的圈子，一失足成千古恨。近期，公民黨爆退黨潮，公民黨前副秘書長鄭達鴻和 3 名區議員，包括葵青區議員冼豪輝、譚家浚及南區區議員俞竣晞退黨。可謂「識時務者為俊傑」，明擺着，公民黨是等着解散的政黨。9 月，陳淑莊就退黨，郭榮鏗被 DQ 後宣佈退出政壇，「契弟走得磨」。公民黨不似民主黨，還有較雄厚的地區工作基礎，沒有了立法會也只有散檔了。

說實話，泛民的大佬原來都是香港有頭有面之人，為何要臣服「小學雞」黎智英？無非就是兩點：第一，他有錢輸送的「大水喉」；第二，他是美國的代理人。而泛民的大佬們從骨子裏就唯美國馬首是瞻，因為相信美國而相信了肥佬黎。

錯判形勢啊！可惜現在還有很多人執迷不悟。再奉勸一句，中國是搞不垮的。

（原刊於 2020 年 12 月《零傳媒》）

香港會有「百萬人移民潮」嗎？

　　英國媒體 BBC News 近日聳人聽聞地說，《港區國安法》實施後，英國、加拿大等國家放寬了香港人移居當地的條件，移民公司接獲的查詢倍增。又指，英國、澳洲、加拿大等放寬港人移居當地的規定，其中，英國宣佈明年 1 月起，開放予香港 BNO 人士移居當地，並可攜直繫親屬。1997 年主權移交前曾經申請過 BNO 護照的人士，大約有近 300 萬人，均合資格。然後，該媒體引述消息稱，英國外交部估計未來可能有 20 萬名港人移居當地。

　　另外，該媒體又引述香港中文大學的一項電話調查指，一成半市民已做移民準備，以香港 700 多萬人口推算，移民人口隨時達 100 萬。香港「黑暴」的師爺戴耀廷，也在報紙上撰文呼應，說要「帶着使命離開」。

　　有意思的是，近日在辯論庇護香港法案時，美國共和黨參議員克魯茲提出反對，他的理由是驚恐「中國間諜」借機進入，影響美國安全。克魯茲反對的理由，引起兩種香港人都只一個「笑」字，香港愛國陣營人士說，美國甚麼時候變得這樣虛弱，你對香港的「黑暴分子」像抹手紙一樣用完就棄，就堂堂正正說出來，何必借「中國間諜」說事。至於香港的「反中亂港」陣營，當然只

能是苦笑：「江湖行走，盜亦有道」，老美「黑老大」人渣都不如。

　　筆者猜想，這位參議員本意其實是為了不讓太多香港那些無文化、無資金、無能力的低端黑衣人進入美國，成為美國的負累，但是他又怕被人攻擊「政治不正確」，所以便想出這個可笑的理由，為美國耶誕節增添了一個黑色笑話。其實，那些反華政客極其虛偽，既想香港出現移民潮，又怕本國接受太多低端人口，所謂「百萬移民潮」子虛烏有。

　　據香港警方數字，今年1月至9月，接獲21 239宗可用於移民的「良民證」申請，較去年同期的22 712宗，下降約6%。去年7月至9月申請「良民證」每月人數3 000宗；今年6月申請是2 782宗，與9月的2 743宗為最多申請的月份，7月及8月亦分別有2 596宗及2 348宗申請。以警方的統計，一年共申請「良民證」的不過3萬多宗而已，真是令反華勢力失望。

　　事實上，美國、英國、加拿大、澳洲，以至台灣，難道是香港人的好去處嗎？香港現在還有30萬香港回歸前移民、回歸後回流的英美加回流人士。那時，因為無知的悲觀和恐懼令到這些人離港移居海外，當中不少屬中高管理階層或高學歷專業人士家庭，紐西蘭、美加英澳等英語國家是當時不少香港人移民的熱門之選。在移民的高峰期，連維德角（位於非洲的國家）等小國也在雜誌上刊登廣告宣傳該國護照可以提供申請。當時，不少香港人移民選擇在加拿大的溫哥華定居，那時一些熱門定居地都有「小香港」之稱。可是，風光沒有幾年，「契弟走得摸」（沒本事的逃得慢），只是可憐他們移民時賣掉香港的房子，要回來時要用幾倍的價格才能買回相同面積的住房。

所以，現在香港再「反動」的成年人，也不要和他們提移民。仔細看看美國，超過 30 萬宗的新冠死亡；看看英國加拿大，早就淪為二流國家，人家的白色人種都失業，你這個黃色人種還能怎麼混？上世紀 80、90 年代移民潮去的，不都是灰頭灰腦回港了嗎？台灣更不用說，大學畢業生人工 22 000 台幣，現在略微長了一些，也就是和港幣 5 000 元多一點，僅比香港的菲傭多一些，香港人去那裏怎麼生活？

　　其實，他們很多人也明白世界上反華人士的虛偽。知道他們聲稱要給香港的「黑暴人士」庇護都是假惺惺。最早跳出來的台灣早就被香港的逃亡者揭穿「口惠而實不至」，如今流落島內的人士實際居無定所、處處招「白眼」。而英國和加拿大，則堂而皇之公開表示期望吸納前來庇護的人士帶來的「資金」。事實上，那些反華政客，最喜歡香港的抗爭人士繼續留港抗爭，不要給他們惹麻煩；就算現在香港的抗爭高潮過去了，也要繼續留港抗爭。其次呢，老奸巨猾的反華政客也知道，香港這些抗爭人士「廢了」，就算是戴耀廷，就算是《蘋果日報》，都已經「廢了」，只不過軀殼還在，還等着最後徹底的「廢了」。

　　事實上，現在急着離開的是像許智峰、羅冠聰這些「戴罪之人」。「黑暴」祖師爺戴耀廷，其實也知道多數人移民無法生存，他鼓動香港人移民不過是想給北京壓力。可是，他錯估形勢，九七時英資財團要走，還有其他外國財團要走，也有人憂心忡忡。然而，「天要下雨娘要嫁人」，走了就走了，何妨也？

　　戴耀廷撰文還鼓動說：他們雖離開香港，散居到世界不同的地方，卻不會成為分散的個體。這些人會成為一個獨特的流散族

羣，可稱為「流散的香港」，可對應留在香港本土的黃色香港。他還鼓動說，要建立黃色香港海外網絡的點、線、面。各個羣組成為黃色香港海外網絡，每個點通過定期聚會確保這個點的火光不滅。不同國家的面又可以再連結起來，一個立體的黃色香港海外網絡就形成。他說，「流散的香港」不是在外地建立起一條條自成一國的「香港街」，反而是要進入移居地的社區，在保存自己獨特的身分認同的同時，也融入當地的社區和公民社會，這樣才能更有效地讓世界各地的人明白港人爭取民主的前因後果。

戴耀廷的「革命理想」常常不知使人讚歎還是啞言失笑。他原來也是「親共分子」，經常出入內地「殿堂」，也不知道如何不得志一下子滑到堅決反共那邊，也許他應該跟着余茂春也到蓬佩奧身邊做反共策士，只是「蓬胖」很快要隨特朗普下台了，戴耀廷需要趕快找新主人。只是，戴耀廷永遠是「不識時務」之人，在一次研討會上筆者一聽他說「中國五年內崩潰」，就明白他的悲哀在於「不識時務」，看不到現實也看不到歷史發展的趨勢。

無可奈何花落去。相信，戴耀廷說要「帶使命」離開香港，其實是對歷史大勢失鑒的悲哀！

（原刊於 2020 年 12 月 19 日微信）

夏寶龍南下欲早不能還須早

　　2月12日中共中央政治局會議後，現任全國政協副主席夏寶龍被任命為國務院港澳事務辦公室主任。筆者想，「老驥揚鞭」，當下最捉急的是南下，就算進不了香港，也要到一下深圳，會一會香港各路人馬。看來，也是「老馬」的駱惠寧比「老龍」命好一點，接替中聯辦主任的任命在香港封關之前下達，還趕得及在港新春團拜給港人留下很好的「第一印象」。不過，在夏、駱眼裏，當下時間何止是金錢，當是「一國兩制」的命運。現離9月立法會選戰，只還有半年，時間緊迫，形勢惡劣，且立法會選戰不比區議會，許勝不許敗……

　　筆者相信，以「超齡」老將駱惠寧替換掉原香港中聯辦主任王志民之後，再以年過67歲的夏寶龍出掌港澳辦，說明「破格」使用老將不是偶然的。其意義可能超越中共涉港系統用人，或是中共人事任期改革試點的開始。習近平在去年四中全會曾提到人事的有序退出問題，但是具體內容沒有披露。目前，北京學術界已經有聲音提出「退休延後」的問題，理由是事實上國際上的工作年齡都在延長，西方發達國家七八十歲的人依然在重要崗位工作的比比皆是。特朗普七十有四，可能最終與之對決的民主黨候選人桑德斯比他還要大四歲。如

果夏寶龍和駱惠寧「超齡掌港」，真的就是打破舊有任期年齡限制的試點，那麼他們香港工作做得好，就不但功在「一國兩制」，而且也功在「中共 20 大」。屆時，中共高官任期年齡都會提高。

由於港澳辦與中共中央港澳工作協調小組辦公室是兩塊牌子一個機構，即同時兼任了中央港澳工作協調小組辦公室主任的職務。張曉明免去的原港澳辦主任職務，改任港澳辦分管日常工作的副主任，仍為正部長級；香港中聯辦主任駱惠寧、澳門中聯辦傅自應兼任港澳辦副主任。這一架構的調整，實際是港澳辦升格，並明確及理順了港澳辦與中聯辦的上下級關係。接下來令人關心的是，夏寶龍在中央港澳工作協調小組的地位問題。該小組組長現在是韓正，那麼夏寶龍至少是第一副組長。韓、夏兩人皆是「副國級」，但是韓正還是政治局常委，高於夏寶龍，不過韓正分管的事情實在太多，而夏寶龍辭去全國政協秘書長即專心做港澳工作。從夏寶龍原任的繁瑣的秘書長職務看，他還是年富力強，能做實事的。故此，夏寶龍有可能已是中共涉港系統的實際擔綱人。

也故此，夏寶龍能不心急如焚？半年時間，眨眼就過，偏偏屋漏又兼連夜雨，要打立法會選戰了，卻又遇到疫情封關，既不能到港也不能南下深圳，難道又要靠「看簡報治港」？從夏寶龍的經歷看，不能說他不懂香港，但相信對香港「這本書」還處於翻翻階段，尚不能咀嚼。也許，他和韓正同在長三角，還是熟的，也可以趁這段時間請益。當然，與張曉明已開過無數次會。而且，也可以用現代通訊工具與駱惠寧，與林鄭月娥交流。筆者懷

疑,他也參與了香港中資企業和建制派抗疫部署,甚或,起訴黎智英等人亦參與了沙盤推演,並作為9月選戰的重要一環來打。不過,夏主任還是要盡早南下,與建制派人士,與香港還想「有啖好飯吃」的人士見面。

筆者相信,夏寶龍現在京城,尚知道港獨及其他反對勢力之囂張,黎智英被拿下表明了特區政府依法止暴制亂的決心,但是依然有黑手繼續煽動暴徒暴亂,阻街、堵路、焚燒地鐵站,還不收手。但是,他未必深入了解香港基層市民到底為何心存不滿,也未必了解號召香港青年到大灣區就業為何碰壁,也可能難以精準把握到建制派為何也是一盤散沙,以及為何建制派基層組織很不願意為特區政府保駕護航?

9月選戰形勢惡劣,反對派有可能奪取超過一半的席位,大家都看到香港政治格局的基本面還是六四比,黃大於藍;美台依然大打香港牌,插手選舉;去年區議會大敗,建制派士氣低迷,自由黨黃不黃藍不藍,工聯會民建聯「蜀中無大將,廖化當先鋒」。固然,黎智英被起訴提振了一下藍營士氣,但是林鄭政府與建制派的裂縫始終難以彌平。

一個制度性悖論橫亙在公務員和建制派中間,那就是政府在選舉中必須嚴守中立,可以毫不理會建制派的輸贏,例如去年的區議會選舉如期舉行;但是,政府施政又必須建制派議員支持。於是,藍營基層充滿怨懟:為何要為這高高在上的官員打拼?這種悖論,使到政府及其公務員反而不是建制派,每每選舉便「蹺埋雙手」,而中聯辦則埋頭苦幹帶領及協調建制派,雖然已眾所周知但依然好像「不干預」。事實上,夏寶龍也要在理論和實踐

上回答清楚一個問題，在港獨要奪取香港的管治權之際，中央是否應該公開介入香港的各項選戰？

這正是，夏寶龍南下欲早不能還須早。

（原刊於 2020 年 3 月 9 日《亞洲週刊》）

蔡堅消費盡了香港人
最後一點優越感

　　筆者相信，黃之鋒之類的細路仔，不會知到「阿燦」的來龍去脈。因為，稱呼內地人「阿燦」的年代，他們還沒有出生。而到香港人自嘲「港燦」的時候，他們還穿開襠褲呢。想不通的是，該等人物既沒有受過殖民之苦，其實也沒有享過殖民之福，為何要仇視內地同胞，為何要打美英旗甘願給人家當槍使？也許是家教吧。

　　在去年黑暴最猖獗之時，為了天天都看到聽到那些煩心事，跑到了廣州郊區廖偉雄的農莊散心。廖兄當年就是飾演「阿燦」紅極一時，想不到後來卻來到內地發展，成為了企業家。酒席之間，自然少不了談到香港的烏煙瘴氣，筆者也忍不住請教他演「阿燦」到搖身一變為「真阿燦」。他說，粵港本就是一家人，同飲一江水，講歷史，廣州還是老大。最主要的是，萬物都在變化之中，逆水行舟，不進則退。他扳起指頭說，你可以計計數，香港現在還有甚麼叻過人地？當年叫人家「阿燦」時的優越感，而家還剩多少？

　　是啊！香港人到底現在還有多少優越感？筆者想，本來香港的醫療還是有點優越性的，而一貫以來香港的醫護人員也極度高

傲，看不起內地同行。可是，疫情之下這點殘留的優越感，也給香港醫學會的蔡堅之流消費殆盡。

這個蔡堅據說 70 多歲了，當然是嘗過殖民統治的甜頭，也因為殖民統治使其雖然在英國人面前是哈巴狗，但是也不妨礙他對內地人有點傲慢，故此，他與黃之鋒不同，同時知道「阿燦」的，也是叫得很爽口，且完全忘記了時日，停留在幾十年前的時光，不然，他怎麼會說出「內地醫護人員無法以英文溝通」之類的囈語。可笑啦！中國的抗疫專家們與美國同行視像會議，中國的援外醫療隊足跡散佈五大洲，蔡堅們也不能做睜眼瞎啊？

事實上，近期香港抗疫也出現了一些不應該出現的問題，其中一個就是，醫護人員出現了感染現象。本來，醫療機構的內部自我防護是基本要求，在這次抗擊新冠疫情，內地更提供了好經驗，各省市支援武漢的幾萬醫護人員無一人感染。這些經驗在前，香港的醫護人員感染在後，是很不應該的。第二，調亂確診病患和非確診人士試劑盒樣本時有發生，也是不可原諒的。最令人不解的是，在全中國如此大規模的疫情都能控制下來，而且香港的鄰居深圳、澳門以及大灣區都能夠避免過多病症出現的背景下，本有很好的防疫地理條件的香港反而出現新一波爆發，而且病死率也較高，這樣，香港還有本錢歧視內地嗎？

最令人不齒的是，香港某些人包括醫護人員，將抗疫政治化。從疫情之初的「黃色罷工行動」，到當下誣指「內地機構的診斷中心可能播疫」、「內地檢測團隊會把港人基因樣本送中」等等聳人聽聞並不經一駁的謠言，都可見到某些香港小人之心。且不說對內地支援不懂感恩，違反了基督的基本教義，也忘記了「救

人一命勝造七級浮屠」的中華古訓。相信，夜靜之際，尚有醫者仁心之人，都會反省，醫德那裏去了？這是香港醫護人員在大疫危難之際之所為嗎？。

有人說，蔡堅們排斥內地支援，是為了那二三百億的檢測費。當下，香港公立醫院隔離病房已到爆滿邊緣，部分確診病人須等待數天，才獲安排入院。同時，由於欠缺檢疫設施、檢測能力嚴重不足，檢測量每日不到一萬，不如一海之隔的澳門。香港現在大量採購海外進口試劑，採購價格高達五六百元，而外國自身測試劑盒也不足夠。國產試劑由於內地檢測量大，又是政府集中規模採購，只需要幾十元人民幣，貨源充足。澳門引入國產檢測，每個人只需一兩百元，香港動則一兩千元，費用驚人。在醫學會日前的記者會上，有記者問為何澳門檢測量比香港還要高，原因是甚麼？會長蔡堅搶着嬉皮笑臉說，「因為特首不同」。其實，正是蔡堅們的既得利益者頑固阻撓特首作出正確抗疫決策。

君不見，蔡堅領導的醫學會強烈要求港府向市民每人發3 000 港元醫療券，讓港人持醫療券到私家醫院檢測和進行新冠疫情的有關治療。這筆開支，大約 225 億港元。蔡堅如果真的想吃這個大蛋糕而妄顧港人生命安全，也真是自私到出骨。

事實上，蔡堅們長期為了既得利益，嚴重排斥世界各地的醫生來港執業，內地醫生就更不用說了。如此的品德，還不丟盡香港醫生應有的尊嚴？蔡堅們怎不被視為「港燦」了，香港人還有的一點優越感也丟到了維多利亞海。

（原刊於 2020 年 8 月 10 日《思考香港》）

第三章

土地問題

新特首須超越香港各持份者

文化大革命，毛澤東講過很多話，其中有一句說，無產階級只有解放全人類才能解放自己。這句話曾經折服了千千萬萬紅衛兵，不由自主的覺得自己也偉大起來，原來自己的使命是解放全人類。當然，這是烏托邦。不過，聯繫到當下的香港，真是需要一個解放全香港的超人。他必須有超越香港各個階層，各個持份者利益的胸懷。他不能只代表左派的利益，也要反映右派的立場；他，不能只代表基層的利益，更不能獨為大財團服務，也不能只照顧中產階級。問題是，有這樣的人嗎？

港澳辦主任王光亞接受報刊訪問，提出新特首的四個條件：「愛國愛港，有管治能力，中央信任，港人擁護」。筆者理解，這四項條件集中起來，也就是一個條件，有超越香港各階層利益的胸懷和能力。

愛國愛港，其實是低標準，只要不是搞「港獨」和搞自治的，都可以劃入愛國愛港範疇。王光亞的訪問最後還希望泛民成為香港「一國兩制」的建設者，也就是說，泛民也是可以劃入愛國愛港行列。問題是，愛國愛港不是空洞的，做起來就有具體的內容，那就是要能保持香港的繁榮穩定。因此，這一條件最終還是落實到有沒有超越香港各階層利益的胸懷和能力之上。

是否有管治能力，具體當然也就是保持香港的繁榮穩定，再具體細分，那就是體現在習近平主席要求的「綜合施策，廣泛凝聚社會共識，着力推動經濟發展和民生改善，堅決維護國家統一，保持社會政治穩定」。大家回想香港回歸 20 年，便會理解到，沒有超越香港各階層利益的胸懷和能力，怎可能做到以上各點。

中央信任，港人擁護，其實是一體兩面。港人擁護，是中央信任的基礎；港人反對的，或者不是多數支持的，甚至建制派也有不支持的，也是很難取得中央信任的。香港回歸，實行「一國兩制」，中央的「初心」非常明確，就是繼續保持香港的繁榮穩定；香港好，香港市民過上好日子，中央就滿意。也就是說，中央明白，港人的滿意是全方位的，而不是單方面，因此，中央對特首工作的評價也是全方位的。在這種要求之下，特首沒有超越香港各階層利益的胸懷和能力，能夠令多數港人滿意嗎？又能夠令中央信任嗎？

超越香港各階層利益的胸懷和能力，就是在制定和執行各種政策時，可以找到香港最大利益點，而且又是各個階層利益的最佳平衡點。特首的能力，正正就是表現於此。

本來，香港實行「一國兩制」，維持香港的資本主義制度，不是如中國憲法所規定實行中國共產黨的領導，而是「港人治港，高度自治」。回歸之初，北京認為在這種條件下，香港的統治主體和領導主體是香港的資產階級。但是，似乎香港的資產階級的政治不成熟以致軟弱、缺乏承擔，未能完成歷史賦予的使命，以致回歸以來步履艱難。

平實說，首任特首董建華是能夠超越本階級局限的好人，他的「八萬五」的政策方向是正確的，只是不幸遇到金融風暴和沙士衝擊。如今，香港又處在一個十字路口，香港能找到高瞻遠矚的能人做領袖嗎？

（原刊於 2017 年 1 月 9 日《思考香港》）

一招救港：粉嶺高球場悉數建出租公屋居屋

　　對於「6 月風暴」，到底如何評價，需要時間冷靜沉澱，但是林鄭月娥與政府做幾件實實在在的，讓市民看得見摸得着，而反對派又要反又反不得的民生大事，則非常有必要。這也是壞事變好事，趁機解決香港多年累積的社會矛盾的契機。最重要的一招是，第一時間宣佈收回粉嶺高爾夫球場，全數蓋公營房屋。

　　同時，加快推動近岸填海造地，例如政府早就規劃的龍鼓灘、欣澳及小蠔灣等填海項目。再就是，加快推進「明日大嶼」計劃。雖然，這還是政府原定的短中長期舉措，但是其進度再不能慢了。尤其，第一時間收回粉嶺高爾夫球場，立竿見影的舒緩「26 萬人排隊上樓」以及「30 萬人遞表抽居屋」的燃眉之急。

　　重大社會危機後，必然需要斷然決然的舉措緩和社會矛盾。上世紀香港的「六七暴動」之後，當時的殖民政府推行安撫政策，如今依然成為香港居住支柱的廉租屋政策因此應運而生。可能，這一課需要當今特區政府重溫。曾蔭權政府七年未有造地，為後來的樓價飆升埋下了隱患。梁振英上場，明白房屋土地的重要，用辣招壓樓價並調整土地用途多建公屋，但在「造地」也沒有突

破，後期更被政改分散了精力。2014年「佔中」及之後的「旺暴」，社會也進行過反思，問題總結出一籮籮，其時筆者認為癥結在住房。梁振英政府也曾提出開發郊野公園邊陲地，但是受到反對派及其他方方面面的阻力和暗中阻撓無果。到林鄭月娥執政，樓價繼續上升，其首要任務其實非常清晰，就是造地建屋，但是其「慢三拍」，搞個土地小組蹉跎了一年。從某種意義說，「6月風暴」，就是對此的懲罰。

這個土地小組對粉嶺高球場的意見是，僅發展32公頃粉嶺高球場，其餘140公頃不收回不改變。行政會議今年2月接納建議，決定局部發展位於粉錦公路以東的32公頃粉嶺高球場作房屋用途，並以公營房屋為主。不過，這也是數年之後的事情。

政府表示，2019年下半年開展技術性研究，並與香港哥爾夫球會在2020年8月地契期滿後，訂立為期3年的「特別過渡安排」讓其繼續使用，對其餘140公頃高球用地的用途續期至2027年6月。或許，這個方案，在年初之時，算得上一個折中的照顧各方利益的平衡方案，但是，在這個「6月風暴」的當下，特區政府需要作出適應時勢的政治判斷及抉擇。

這就是，立即宣佈收回整個粉嶺高爾夫球場用地，包括原定的32公頃及其餘的140公頃，合共172公頃土地，全部用來建公營房屋，其中出租公屋可以達八成或七成，各種類型的居屋達三成或二成。

按照有關政府方面的方案，劃出的32公頃土地可以興建房屋4 600個單位，這是中等或略高密度的規劃，也有土地關注組質疑這太保守。然而，即使按照這個密度水平，整個粉嶺高球場

172 公頃土地，也仍然可以提供近 25 000 個單位。筆者聽一些專家意見，相信提高密度，可以輕易獲得 3 萬個以上的單位。由於粉嶺高球場土地平坦，雖然有樹木保育、古建築保育和加建道路交通設施問題，但是施工難度不高，施工週期不長。也就是說，一旦政府決心盡快悉數發展，這對於「26 萬人排隊上樓」以及「30 萬人遞表抽居屋」來說，是特大好消息。這當然也是林鄭政府「六月風暴」後送個香港市民的最大最好禮物。

無疑，這不只是一個民生問題的舉措，更是一個重大的政治舉措。這表明，特區政府真正體察到民間疾苦，真正站在了基層一邊，將可以獲得多數人的支持。事實上，不但是建制派的主要支持者，還是反對派的主要支持者，都深受住屋問題之苦。香港置業之難，世界之冠，「需不吃不喝 20 年」。

當下，每年新建的公屋卻平均不到 1.5 萬個單位，林鄭政府若當機立斷收回粉嶺高球場悉數建出租公屋居屋，卻可收立竿見影之效。問題是，林鄭還要頂住和化解既得利益集團的壓力。

（原刊於 2019 年 7 月 1 日《亞洲週刊》）

從香港再起飛
看大規模填海之緊迫性

　　香港土地短缺危機已經到了逐步成為災難的同義詞。政府推土地供應小組嘆慢板，實際蹉跎了近一年光陰，且只是就事論事着眼居住問題，未能更加高瞻遠矚抓住兩個關鍵詞，一個就是「香港再起飛」，一個就是「大規模填海」。兩個思維方向落實到現實，以為缺地的差距是巨大的，前者可能只是 1 000 多公頃，後者則是近萬公頃，天壤之別。

　　筆者認為，當下要從香港的再起飛的需求計算土地短缺，確立「大規模填海」的規劃，將香港經濟發展的「餅」做得大大的，從而緩解居住矛盾、縮窄貧富差距，構建更有活力的經濟結構和更為完善的社會生活生態。一句話，大規模填海是香港未來 10 到 30 年再起飛的必然抉擇，亦是「一國兩制」持續發展不改變、香港夢與中國夢對接的必由之路。

　　目前，討論土地問題都會擺出這組數字：香港人均居住面積 170 呎，比一個車位大一些，不及內地和新加坡的一半。香港人均收入中位數計，不吃不花近 20 年才有一個細小的私人住宅。同時，私人房屋租戶租金中位數為 1 萬港元，全港家庭住戶月收

入中位數 2.5 萬港元，租金佔到收入的 40%。全港現約有超過 9 萬間劏房，住着超過 20 萬人，居住面積中位數僅為 100 呎。 2017 年年底香港擁有自置居所的家庭比例為 49.5%，比董建華 2002 年宣佈放棄「八萬五」計劃時的 52.9% 還低。

回歸 20 年，香港樓價升了三倍多，薪資只增加了 50%，工資增長遠遠追不及樓價升幅。據統計，2017 年國際房價負擔能力報告，香港連續第八年穩坐第一，屬於「極度負擔不起」之列，且過去兩年情況進一步惡化，從 2016 年的 18.1 倍升至 19.4 倍，如今處於空前高位，是「嚴重無法負擔」。

一、土地政策失敗是香港滯後的重要原因

筆者認為，大家同時要端出另一組數字，那就是香港總體 GDP 曾佔國家四分之一，如今只是兩個多百分點。許多人都說，香港的落後是合理的，理由有很多，包括香港發展已是高水平，內地則是追落後。其實，這是自我慰藉的借口。香港發展滯後，歸根結底是香港自己一錯再錯。

鄧小平領導中國改革開放，港商既是吃螃蟹之人同時也飲頭啖湯。從 1979 年到 1995 年的直接對華投資中，大約有三分之二來自或者至少經由香港這個中國的「南大門」。那時，「前店後廠」，香港製造和珠三角製造融為一體，香港發展經濟的腹地從香港境內的 1 000 多平方公里，拓展至 4 萬多平方公里的珠三角地區以至更遠。1997 年與 2007 年兩次金融危機，港商在珠三角的投資造成巨大的衝擊，而香港自身也屢次錯過升級轉型的機會，失卻新的增長動力。香港 90 年代初增長率還在 5% 以上的，

1997 到 2012 年，年均增長僅達 2.21%。2000 年以來，珠三角「騰籠換鳥」，持續產業升級，港商主流乾脆大撤退，失去了分享今天珠三角發達的高端製造業紅利的機會。40 年前，香港資本絕對是南中國的龍頭，現在主體龜縮回香港。我們的鄰居深圳，從小漁村升級為香港的娛樂場所，等到露出城市雛形仍口口聲聲說是香港的「後花園」、「服務基地」，如今則是 GDP 超過香港的創新型現代化城市，人口 2 000 萬，開發土地近 2 000 平方公里。看着深圳的這一變奏曲，香港人能不百般滋味在心頭。

值得一提的是，曾經有漢鼎亞太集團主席徐大麟，夥拍張汝京提出在港建晶圓廠的「矽港」計劃，但香港傳媒不斷質疑是「炒地皮」，時任財政司司長的曾蔭權也斷然拒絕撥地。於是張汝京到了上海，創辦了現在是中國最大、世界第四大的晶片製造商中芯國際。也在那個年代，在珠三角的「廠佬」發現辛辛苦苦搞廠不如回港炒樓，於是製造業大軍打道回府成為炒樓大軍。董建華時代曾立志發展創科產業，結果是林鄭現在舊事重提；最要命的是，董建華之後十多年就基本沒有造地，至今香港「絕境」是羞愧於世的「劏房」不絕，反而是天價的「納米房」大行其道，林鄭的創科有地嗎？

當下的香港，能否趕上粵港澳大灣區這趟車，重新啟動自己在珠三角的影響力，通過科技創新升級自己競爭力，關鍵一點，也在於香港是否有足夠的、便宜的用地，事實上，當下的青年創業，都被高租金當頭一棒。大疆無人機為何去了深圳發展？

香港當下連起碼的居住都不達標，自然遑論發展經濟的用地了。據統計，香港公共設施的用地，僅是新加坡的三分之一，與

內地以及發達國家更是沒有得比。大家都知道，上一任政府將住房放在重中之重的地位，但是無奈再前任留下的「熟地」不足，只能用更改用途的辦法去覓地建住房，但這樣一來必然不得不佔用了其他設施。曾經傳出，啟德體育場也被打過主意。缺地，香港的醫療和教育用地都受到嚴重限制，

土地，是發展的基礎！造地，本身就是發展，就是創造財富。

二、造地就是發展，就是增加 GDP、增加財富

21 世紀地緣政治力量，不僅屬於控制領土的人也屬於可以製造領土的人。這是《紐約時報》文章的一句警語。其讚歎「天字號」的中國疏浚挖泥船的無比高效率，在短短幾年間在南海造陸 12 平方公里。文章也提供數字，自 1985 年以來，人類已經在全世界各地填海岸 135 萬公頃。

深圳過去 30 年填海 1 萬公頃，未來 5 年，計劃填海 5 500 公頃。新加坡已填海 13 400 公頃，還準備填 5 500 公頃。

筆者要說，21 世紀財富的積累不僅屬購買土地的強大資本，更屬於可以製造土地的人。

深圳開發的資金哪裏來？全中國來，全世界來。

2017 年，香港賣地年收 1 800 億港元，史上最多。其中，7 幅為「百億地王」，數量亦為史上最多。根據《財政預算案》的預測，2018/19 年財政年度的地價收入將達 1 210 億元，相信湧現的「百億地王」將近 10 幅。9 幅啟德發展區的住宅用地，全部位於鄰近郵輪碼頭的前啟德機場跑道區，部分地皮將享有開揚維港景色，質素較過往於啟德發展區推出的住宅用地為佳。若以恒基

地產以近 160 億元向海航旗下香港國際建投，購入 2 幅啟德地的平均樓面地價約 15 000 元計算，9 幅啟德發展區住宅用地的面積達到 10.2934 公頃，可發展面積超過 660 萬呎，價值接近 1 000 億元。

這也告訴大家，香港當下一公頃土地可能帶來 100 億地價收入。

無疑，繼續推高地價、樓價和租金，不是香港未來的政策方向。而大幅造地，也必然影響房地產價格的上升，但是，政府也必然不會去推倒樓市，未來造地和賣地必然是有計劃進行。賣地收入必然控制在合理水平。那麼，稍有算術知識的人都可以清楚，香港每額外造地而不是改農地、棕地和郊野公園，可以為香港增加多少財富啊！

自然，填海要成本，但其實比起收農地、棕地，還是要便宜。以元朗橫州發展區為例，5.6 公頃的綠化地，平整及基礎工程的申請撥款高達 24 億元，平均每公頃用地需 4.3 億元；但相對而言，東涌東整個發展計劃，填海 130 公頃，申請撥款為 202 億元（已包括初步基礎工程費用），平均每公頃土地只需 1.55 億元，比起橫州平均造地費節省 64%。

「團結基金」請專家計算，在發展東大嶼填海 2200 公頃，平均每呎才 1 300 元，但是 2 200 公頃土地只出售 500 公頃，也可收入 5 萬億元。

自然，填海還要有交通等其他設施配套。「團結基金」設想的「東大嶼都會計劃」，要修四條連接的橋隧，費用也是巨大的，但是，第一，所形成的總價值必然遠遠超越投入。第二，這也正

是香港新 GDP 產生所在。

　　相信，將延續到本世紀中葉的香港大規模填海，是香港的新玫瑰園計劃，也是與國家同步發展的「香港夢」。在本世紀中葉，「中國夢」實現之時，香港不會拖國家的後腿，而是為中華民族騰飛做出貢獻的一員。

三、土地問題實質也是政治問題，關係到緩解社會矛盾

　　前港澳辦主任魯平在香港回歸後有一個政治判斷，收集在他的回憶錄中。他說「香港存在的主要問題是經濟問題，不是政治問題。經濟問題解決好了，港人生活改善了，政治問題也就迎刃而解」。

　　魯平的話，是說給所有「治港者」聽的。魯平的這個判斷是很清晰的，不是採用北京官場一般很全面但又似乎含糊、模稜兩可的語言，讓你猜，讓你琢磨。魯平的意思非常明確，「經濟問題解決好了，港人生活改善了，政治問題也就迎刃而解」。無疑，這是符合習近平的治國基本思想：人民對美好生活的追求就是我們的奮鬥目標。習近平還將 2020 年全國基本脫貧作為各地硬任務，並要求讓全體中國人民有獲得感和幸福感。有人說，這個做不到，尤其香港做不到。也許，這就是兩種不同社會制度的差別。不過，可以肯定的是，香港回歸後發展滯後，二次分配缺失，貧富差距擴大，堅尼系數上升，市民尤其是青年人獲得感不足，阻礙了香港人對回歸的認同，對國家民族的認同。這，也反過來他們對香港政府施政的支持。

　　就此，土地房屋問題，是一個關鍵的節點。相信，林鄭月娥

說當下推行 23 條立法缺乏社會環境，當中樓價不斷攀升，青年人置業無望，一般中產無力改善居住條件，社會累積難以量化的怨氣，有的是「到了不能忍受的地步」，是問題的癥結。因此，大規模造地，把「餅」做大，以此解決住房問題和其他二次分配問題，實在是刻不容緩。

四、大規模填海是必然選擇

在土地大辯論中，政府提出 18 個選項，事實上，最快最省最便捷最實際的是填海。

需要指出的是，這個填海，當然不是在維港之內，而是在綜合評估成本效益、交通、環境保護等因素之後的最佳位置。不過，政府的計劃還是略嫌保守。筆者相信，現在要爭論的不是要不要填海，而是要不要「大規模填海」。

18 個選項中，包含短、中、長期。所謂短期是救急，當然是要，但是這些救急措施造地有限，完全不能滿足需求。按照政府「2030+」的估計，香港未來缺地是 1 000 多公頃。但是按照「團結基金」的研究表明，香港缺地至少在 9 000 公頃。

筆者仔細比較，發現政府原先的是一個很保守很低水平的估計，只是計算一般公屋輪候和私樓銷售，實際是妥顧了香港人口密度極高居住面積及其狹窄亟需改變的現實。同時，還忽視了 33 萬個高齡樓宇面臨翻新的置換用地需要。還有就是，基本沒有考慮經濟發展的大規模用地。所以，將東大嶼填海面積由 1 000 公頃增加至 2 200 公頃，不但是增加土地儲備和供應的極為進取的計劃，更是一個「新香港」發展藍圖，值得大力支持。

筆者想補充的是，填海也不一定是中長期方案，也可以是短期方案。筆者極力主張，馬料水填海第一時間上馬。在 2011 年，當時的發展局副局長韋志成上筆者主持的「把酒當歌」節目，就提出了馬料水等 5 個維港以外近岸填海選址。但是，7 年過去了「河山依舊」。政府計劃馬料水填海 60 公頃，建屋 1 萬間，但是沙田有人以交通負擔增加反對。其實，政府的計劃已經是相當保守，但是依然有人以不是理由的理由來反對。

事實上，港英年代，這曾是新機場的一個選址。這裏的優勢一目了然，交通方便，海水較淺，不過三四米，也不佔用航道，對生態影響也小，是可以快填快用的地段。但是，政府的計劃也是過於保守，僅是沙田水廠連接的一小塊，如果大膽往外向北延伸，相信分期分批拿下二三百公頃都沒有問題。至於沙田人擔心的交通問題也是可以解決的，那就是增建道路和橋隧而已。由於連接科學院，也接近河套地區，當然是香港發展創科產業的理想園地。

可以看到，只要敢想敢幹，香港絕不是死水一潭，香港還有大把發展機會。至於大嶼山西部非香港水域填海，則應由內地規劃實施。

五、漫長的土地開發程序成為絆腳石

土地開發過程漫長，其實程序冗長。規劃署前署長梁焯輝刊文指，香港土地開發過程確實非常複雜和冗長，它可能涉及不同條例，諸如《城市規劃條例》、《環境影響評估條例》及《前濱及海床（填海工程）條例》；政府多個部門如規劃署、地政總署、屋

宇署、土木工程拓展署、環境保護署及其他工務部門在這個過程中都擔任重要的角色。新界東北的規劃及發展研究於 1998 年啟動,把古洞北,粉嶺北及坪輋 / 打鼓嶺確定為合適的新發展區。2003 年因市道低迷擱置。2007 年重新審視。2008 年初向立法會申請撥款開展初步規劃及工程可行性研究。2008 年 6 月委託顧問進行新界東北新發展區規劃及工程研究,並於 5 年後的 2013 年完成。環境研究概要於 2008 年 1 月 11 日由環保署發出,環境影響評估報告則於 2013 年 10 月 18 日獲附帶條件批准,整個程序為時 6 年。2013 年 12 月 20 日,古洞北及粉嶺北分區計劃大綱草圖同時公佈,供市民查閱兩個月後,分別收到 20 668 和 21 117 份有效申述,以及 5 596 和 6 007 份有效意見。由於收到大量陳述和意見,城規會根據法例,向行政長官申請延長原來在草圖公佈後 9 個月內把草圖提交行政長官會同行政會議審批的時限。該草圖隨後於 2015 年 6 月 16 日由行政長官會同行政會議批准。由草圖刊登憲報後,大概用了一年半時間完成《城規條例》的程序。在實施工程之前,仍需新一輪的撥款申請和顧問甄選。根據現時估算,預計第一批人口可於 2023 年遷入新界東北新發展區,至 2030 年完成整個計劃。

針對落實計劃就用上 16 年,梁焯輝建議,土地開發程序應進行全面的檢討。可委任一個由法律、規劃、工程及其他相關專業組成的小組,研究及分析有關條例的對接和對整體開發過程的影響,聽取部門、業界、市民對程序運作的意見,制訂措施精簡發展程序,縮減土地開發的時間。

目前,一般預計未來填海最快要十多年才可使用,但是,實

際上花時間不在填海和建屋，卻是在走程序。走程序的原意在於科學決策，但是如今已經成為非改革不可的絆腳石。

六、「土地革命」動力不足

如所周知，中共建立政權靠的是「土地革命」，蔣家父子敗退台灣立住腳也靠「土地革命」。筆者認為，香港造地寸步難行，不也是一場「土地革命」。但是，香港「土地革命」動力不足，有趣的是，儘管數十多萬人住劏房、納米房，但是沒有引發大規模的社會運動，政府則依然可以嘆慢板。為甚麼？

筆者認為，其一，香港房屋是用來住的，也是財富增值的一個工具。香港現時一半以上的家庭擁有私人住宅，他們的兩重性是，一方面希望樓價不要過高以方便換「大屋」及可減輕幫助「靠父幹」的子女置業；另一方面呢，則期望個人財富隨着樓價升而增值。政府高官和公務員多數也是此類。

其二，香港目前有三成人住在廉租屋，他們當中有人想成為業主，但多數因已「上樓」，則對私樓高價事不關己、高高掛起。

其三，香港的地產商，多數被視為推高樓價而逐利的一族，所以也被視為反對造地的既得利益者。但是，如果政府不造生地，甚至不收購他們手上的農地、棕地，他們生財之道也無以為繼。不過，他們的兩重性當下似以眼前利益為上，用推高地價、樓價，達至他們手上 1 000 多公頃新界農地巨額增值。因此，開發土地的最大阻力也源於此。

其四，政府應該是「造地」的領導者，但是他們長期依靠土地財政，也怕樓市跌。於是，對香港「土地革命」願望強烈的，

只是那 27 萬輪候上公屋和住劏房人士，雖然因輪候時間增長而不滿，但是他們生活在底層及分散，不能自發形成強大動力。

　　因此，香港的新「土地革命」，只能靠有識之士去推動。真理，往往首先在少數人手裏，政府最終拍板抉擇大規模填海，需要聽的是這少數人的真理之見，而不是所謂的民意。在香港當下極端利己主義當道之際，民意其實主流是負面。

（原刊於 2018 年 8 月《鏡報》）

填海造地建屋有助二次分配

「團結香港基金」建議政府推動大規模維港以外大填海，創「新玫瑰園」。無疑，土地房屋問題，是當下香港經濟發展改善民生的「瓶頸」，突破這個關口，一通百通。事實上，土地短缺，樓價高企，租金昂貴，嚴重窒礙香港經濟民生，這已是香港各階層有目共睹的共識。筆者覺得需要多強調的是，「團結香港基金」的「新玫瑰園」計劃，有利政府搞好二次分配，緩解貧富差距。

「團結香港基金」指未來 30 年，本港需增加 9 000 公頃土地，倡議推動「新玫瑰園計劃」，擴大填海計劃，建議在長洲南、南丫西、屯門、將軍澳及蒲台島填海近 3 500 公頃，其中長洲南人工島用作搬遷葵涌貨櫃碼頭設施，以釋出該 640 公頃市區地發展住宅。中短期方面，基金會建議政府與私人發展商合作，運用私人土地儲備增加房屋供應。這個「新玫瑰園」大計，「野心」不可謂不大，若能落實，缺地「瓶頸」必然突破。在規劃署《香港2030+》諮詢月底完結，「團結香港基金」發表土地房屋政策報告，可說是給當局一個「腦震蕩」。

說回到二次分配，這正是香港政府回歸以來沒有很好解決的問題。法國皮凱蒂的新著《21 世紀資本論》，正被認為是 21 世紀最偉大的政治經濟學巨著，在好多方面超過馬克思的《資本論》。

筆者認為，首先在實證方面超過馬克思。馬克思的《資本論》更多的是邏輯推理，而皮凱蒂收集了全球 18 世紀以來的資本變化，着重介紹了英國，法國，德國和美國的案例，主要分析了 21 世紀全球範圍內國民收入在勞動和資本之間的分配情況。在這基礎上，作者得出結論：一、資本收益率遠遠高於勞動工資收入；二、資本收益率顯著高於經濟增長率是一切不平等的根源。他說，金融危機之後，歐美經濟的低迷反而使得前 1% 的高收入羣體擁有了更大的國民財富就是證明；三、他期望通過政府的二次分配緩解矛盾。

事實上，香港也未能逃過《21 世紀資本論》的解剖刀。回歸近 20 年，香港的經濟沒有顯著的發展，香港多數人的財富沒有顯著增長，但是依然有人的財富則是以幾何級數增長。香港已是發達地區貧富懸殊最嚴重的城市，堅尼系數長期以來都超過 0.5，高於 0.4 的警戒線。

解決矛盾，當然不能搞革命，也不能搞內地的社會主義。那怎麼辦？無可否認，政府有為最低收入羣體提供生活安全網。但是，可怕的是，政府官員的主流觀念往往以為這就夠了，而不能與時俱進的思考採取更加積極有效的措施緩和貧富矛盾。李嘉誠表示可以抽多一至二個百分點利得稅，使窮人受惠。政府發言人第一反應則指，簡單稅制和低稅率是香港賴以成功的基石。還有，全民退保的守舊立場，傷了太多中產的心。

因此，香港當下發展經濟重要，搞好二次分配更為重要。香港當下的土地房屋政策，是歷史長期形成的，很難做出根本性的改變，也就是私人樓宇和公屋兩個模式將長期存在。如果放任

不管，隨着少數人幾何式增長的財富，在香港這個狹小的房屋發酵，必然造成私人樓宇價格繼續「井噴」。而私人樓宇的價格「井噴」，又逼使更多市民墮入「輪候公屋大軍」。有樓一族與公屋一族的階級分野，固然歷來有之，可怕的是公屋一族的不健康的「增長壯大」，造成階級矛盾的擴大和社會分化。而生活在底層的港人，因沒有強烈感到回歸祖國給他們帶來顯著的切身利益上的變化而日日「望樓興歎」，又怎會不積蓄憤懣，並派生「本土」、「自決」，以致「港獨」的思潮。事實上，房屋問題不解決，空喊再多口號也不能使他們增加對國家的認同感。

因此，「團結香港基金」的「新玫瑰園大計」，從源頭解決土地短缺問題，一是平抑私樓樓價，可增加有屋一族大軍；二是也有土地建設更多公屋，保障基層有瓦遮頭，實屬治港良策。

（原刊於 2017 年 5 月《鏡報》）

反對填海突顯香港民主運動
「三無」危機

　　「明日大嶼」是香港特首林鄭月娥新一份施政報告的重中之重，計劃在香港島與大嶼山之間的中部水域填海造島共 1 700 公頃，發展成為香港的第三個核心商業區，將提供 30 到 40 萬就業崗位，居住人口 80 到 100 萬。該計劃是英國人撤出香港前建設的新機場十大工程的玫瑰園計劃，30 年以來規模最大的規劃，發展期限也長達至本世紀中葉，顯然事關香港未來發展大計。因此，在香港各界也引起爭論，尤其是各種持份者。

　　施政報告發表後的第一個星期天（14 日）就有 5 000 多人遊行示威，反對填海。這個人數，比起前一天香港民主派反對政府取消劉小麗參加補選資格的抗議活動的人數多得多。劉小麗 2016 年當選香港立法會議員，但是在就職宣誓中用龜速宣讀有關遵守基本法的誓詞，被取消議員資格，其後她提出司法覆核。今年 3 月 11 日，九龍西選區補選立法委員，與劉小麗同時被取消議席的民主派姚松炎順利「入閘」，但是最後投票卻敗給建制派的鄭泳舜。可能劉小麗見姚松炎可以「入閘」便取消司法覆核，誰想這次在 11 月的補選她還是被取消參選資格。只是 13 日晚民

主派的抗議活動，人數出乎意外的少，才幾十人。

　　不過，抗議劉小麗被取消參選資格人數少，反映香港民主運動的危機；而反對填海，則更是突顯香港民主運動的「三無」危機：無領袖、無組織、無方向。

　　為甚麼「劉小麗事件」沒有引起反響呢？有分析指，這可能跟她不是傳統民主派的一員，既不是民主黨也不是公民黨成員，只是2016年被「後雨傘運動」的餘熱推了上去的「個體戶」，這次參加九龍西補選雖然加入了李卓人的工黨，但是在民主派中畢竟根基不深，人脈不廣，所以她被取消資格也沒有太多人挺她。事實上，這件事也正是香港民主派「碎片化」的寫照。2016年立法會選舉，民主派陣營出現大幅調整，劉慧卿，何俊仁，單仲楷，梁家傑等有議會經驗，較有叫座力的資深議員退下，黃毓民、李卓人、馮檢基、何秀蘭等五名老牌傳統民主派議員「墮馬」。另一方面，朱凱迪、劉小麗、游蕙禎和梁頌恆、羅冠聰、鄭松泰、邵家臻以及姚松炎等激進本土分子當選，他們幾乎就是一人一黨。山頭多而分散，評論指這是組織形式上的碎片化。

　　此外，也有評論指，未來立法會變成三分天下：傳統泛民、激進本土自決以及傳統建制各據一方。不過，兩年多來，立法會實際上依然是建制和非建制兩大陣營，不單是因為幾個激進的沒有過了宣誓關，被取消了議席，實際上傳統泛民和激進本土自決總體上仍屬一個陣營。傳統泛民和本土自決在基本政治理念、訴求、目的等基本一致，只是在策略和行事方式上有差別，甚至不是本土自決向傳統泛民傾斜，而是傳統泛民向自決傾斜，或者利用激進派作為掩護。但是，最為重要的是，整個民主派沒有眾望

所歸的領袖。回歸前，民主黨的司徒華、李柱銘等聲望過人，如今卻真是蜀中無大將，廖化當先鋒，目前的民主派召集人是毛孟靜，民主黨主席是胡志偉，公民黨黨魁楊岳橋，都沒有一言九鼎的叫座力。因此，兩年多來民主派陣營的碎片化，其內部互相不服、各行其是，也帶來議事的碎片化。

這次反對填海，民主派更被譏為「低能化」。在立法會答問大會上，范國威指「明日大嶼」計劃「埋單分分鐘是一萬億元」，是「燃燒儲備」。公民黨的郭家麒則聲言，「明日大嶼」計劃「倒錢落海，要連公務員長俸金儲備都花光還不夠數」。他甚至稱該計劃應改為「明日大鑊」，「二三十年先上到樓，玩基建就一萬億，你話你係騙子定係敗家？」

但是，這些似是而非的理據，被特首林鄭月娥輕輕兩句就反駁得啞口無言：「無論計劃要用 5 000 億還是 6 000 億，都是在一段很長時間攤分十幾年做。所以不要將數目合併說成明日會用完儲備、明日用完公務員長俸金這樣來嚇市民。」她說，政府每年開支高達 5 000 多億元，單是基建投資，就由她做發展局局長時的不到 200 億元，增加到 1 000 億元，而政府未來也有能力去做基建工作。何況，填海造地本身就是為香港打造資產，造地就是發展土地，造地本身就可以增加 GDP，就可以增加財富。深圳開發的資金哪裏來？全中國來，全世界來。2017 年，香港賣地年收 1 800 億港元，史上最多。其中，7 幅為「百億地王」，數量亦為史上最多。根據《財政預算案》的預測，2018/19 年財政年度的地價收入將達 1 210 億元，相信湧現的「百億地王」將近 10 幅。9 幅啟德住宅用地，達到 10.2934 公頃，可發展面積超過

660 萬呎，價值接近 1 000 億元。這就是說，香港當下一公頃「地王」可能帶來 100 億地價收入。如果，未來大嶼填海所得 1 700 公頃土地拿出 100 公頃出來，吸引香港、內地以至全球的資金來發展，不是很容易就為政府庫房帶來一萬億地價收入嗎？

事實上，「明日大嶼」計劃大規模開拓土地，是解決香港居住困境，更是一項促進發展經濟、擴展都市空間，佈局長遠、造福未來的長遠規劃。要知道，港人安居難，可謂「舉世聞名」。美國顧問公司 Demographia 今年公佈的《全球樓價負擔能力報告》，香港連續 8 年登上全球最難負擔樓價城市之首，全家人要不吃不用 19.4 年才足夠置業。本港目前有 21 萬個「劏房戶」，26 萬申請者正輪候公屋，平均輪候時間達到 5.3 年；近日新一期居屋認購者超標近 60 倍；許多年輕人置業都是兩代人甚至三代人共付首期。「明日大嶼」可為香港提供 1 700 公頃土地，其中七成將用作發展公營房屋，讓港人特別是年輕一代看到了安居的希望。

本來，為基層解困謀利益是民主派的責任，也是香港民主運動的方向；而且，香港的土地房屋困局主因之一是大地產商壟斷追求高額利潤所致，所以以往民主派批判他們為「地產霸權」，可是今天的民主派議員卻閉着眼睛照念「為反對而反對」的經，反對填海造地，不是亂了方寸嗎？

（原刊於 2018 年 10 月 21 日《思考香港》）

論新時代香港「土地革命」

　　新時代，是國家剛剛提出的新概念，「中共十九大」明確2020年決勝全面小康，全中國人均 GDP 達至比 2010 年翻一番之後，再用三個「五年規劃」於 2035 年基本實現現代化；然後，再用三個「五年規劃」以強國之貌，屹立於世界民族之林。一個如此偉大的新時代，自然不僅是內地人的概念，也必定是香港的概念，因為在回歸 20 年慶典習近平已明確表示香港重新納入國家治理體系。

　　因此，要論說香港的「土地革命」，必須明確新時代的大背景。只可惜，國家有那麼偉大的藍圖，香港沒有。香港四個特首，人們入腦的還是「八萬五」。

　　香港本來不應有「土地革命」，頂多就是「覓地建屋」，但是，似乎不提到「土地革命」的層次，香港的缺地問題永遠不會解決。中共打江山靠的就是「土地革命」，國共內戰就是定義為「土地革命戰爭」。鄧小平改革開放，基礎工程是土地承包；當下，習近平將土地承包再延 30 年。蔣家父子敗退台灣，他們也搞土改，為台灣經濟起飛奠定基礎。如今，香港出現一個奇特的現象：明明缺地，但是造地動力不足，政府、政黨、商界、中產等，其實沒有多少人鼓與呼，更不要說知難而進、啃硬骨頭。

香港自董建華之後就沒有怎麼開發「生地」，曾蔭權7年據說開發土地成績是零，梁振英時代本來計劃多多，但是最後也只是改劃土地用途增加私人和公營房屋供應，於是，當下香港用的地還是董建華時代造落。有趣的是，林鄭月娥的「處女秀」竟可以只有造屋舉措，而沒有造地大計。也許，是等她委任的土地開發專責小組一年半後拿出報告再說。

　　事實上，「首置上車盤」也好，「綠置居」也好，要能夠持之以恆成為市民置業的一個階梯，也是要有充足的用地供應才好。發展局局長黃偉綸承認，現時210幅可供改劃的土地，夠未來5、6年供應。那麼之後呢？

　　應該強調指出的是，第一，政府過去的十年建屋策略和「2030+規劃」，對住宅需求估計是很保守的，設定市民長期住「細屋」，而不會追及新加坡和內地的「大屋」。第二，對於工商業用地更是可有可無。香港為甚麼搞不了創科，再簡單的「孵化器」也要土地房屋，香港如此高昂的租金怎麼搞？只能去深圳。第三，土地本是香港當下吸引外來資金的捷徑。當下，李嘉誠的中環中心四百多億易手及之前中資搶地，在在說明香港仍是「吸金寶地」。如果政府有魄力又有地在手，好幾個中環都拔地而起了。但是等到上海、廣州、珠海等自由港發展成熟，恐怕就沒有這支歌仔唱啦。

　　筆者總是納悶，為何不立即宣佈維港填海，這是阻力最少的事情。再說，政府有填海地在手，與佔有棕地和農地的地產商談判也多了籌碼。況且，中國南海島礁工程告一段落，那幾艘「巨無霸吹沙船」閒着，若借來一用一年即可吹幾平方公里。但是，

林鄭月娥就不能當機立斷？有人說，是先易後難，行穩致遠；有人則指，小腳女人，「一屆思維」，更不會有「新玫瑰園」大計。筆者細想，也怨不得她，事實香港「土地革命」的動力不足。香港持份者的兩重性，決定他們多數對「造地」可以冷漠；只有少數洞悉香港未來的精英明白：香港不「造地」，死路一條。當年中共和老蔣土改，涉及一個階級的翻身，動力澎湃。但是，如今林鄭特首表示過，不以推倒樓價為目的。為甚麼？香港房屋是住的，也是財富增值的一個工具。香港現時一半以上的家庭擁有私人住宅，他們的兩重性是，一方面希望樓價不要過高以方便換「大屋」及可減輕幫助「靠父幹」的子女置業；另一方面呢，則期望個人財富隨着樓價升而增值。筆者也是他們當中的一員。政府公務員多數也是此類。

香港目前有三成人住在廉租屋，他們一部分收入有增加的，希望樓價低些而有可能置業，成為業主；另外，他們當中的子女希望置業的，也是不希望樓市過熱。但是，多數已經「上樓」，則事不關己高高掛起。

香港的地產商，多數被視為推高樓價而逐利的一族，所以也被視為反對造地的既得利益者。但是，如果政府不造生地，甚至不收購他們手上的農地、棕地，他們生財之道也無以為繼。不過，他們的兩重性當下似以眼前利益為上。

政府應該是「造地」的領導者，但是他們長期依靠土地財政，也怕樓市跌。於是，香港「土地革命」願望強烈的，只是那 27 萬輪候上公屋和住劏房人士，雖然因輪候時間增長而不滿，但是他們生活在底層及分散，不能自發形成強大動力。

最後，新時代的中央政府應是香港「土地革命」的動力，問題是礙於「港人治港」而不能越俎代庖。似乎，中央的新策略是用大灣區倒逼港府。港府要先調整自己的兩重性，再調整其他持份者的兩重性，使大家看得遠，凝聚急切「造地」的共識和動力。

（原刊於 2017 年 10 月 27 日《明報》）

成功人士要為下一代積德謀利
——讀林超英的「世紀大賭博」論有感

「團結基金」提出擴大香港中部填海，使東大嶼都會計劃有
2 000 公頃陸地面積的規模。筆者聽到的反應都是興奮無比，感
到被「不做不錯」、「坐等陰乾」的沉悶氣氛長期籠罩的香港，終
於也敢於有一個「夢想」，敢於有新願景。有不少人將其與當年
建設新機場十項工程的「玫瑰園」計劃相比，認為此舉必將為香
港發展注入新希望、新動力。

可是，前天文台台長林超英撰文，稱之為「只輸不贏的世
紀大賭博」。筆者感到奇怪了，林超英應該也是知書識禮之輩，
不同意填海 2 000 公頃，也「使唔使」用那麼誇張的語言，就如
同那些街頭反對人士一般。筆者倒是希望他認真研究一下「團
結基金會」的報告再做商榷，這才是搞科學人的態度。事事不理
三七二十一，就這也不行那也不行，最好甚麼事都不作。尤其香
港當下處於一個十字路口，經濟發展滯後，市民們看不到前景，
既無夢想也無奮鬥目標，過一天算一天。作為成功人士的，也不
能只滿足於自己安享晚年，自己住大屋就算了，還要為我們的下
一代積德謀利，積極的從正面多提可行之策，而不是別人提了構

想，只是反對而無建設性意見。

林超英說「團結基金」的計劃是「世紀大賭博」，理據是甚麼？他說了兩條：一則沒有需要，二則耗資巨大到香港政府負擔不起。筆者感到，他其實並沒有詳細看「團結基金會」的報告，他所抨擊的或者說是擔憂的，報告都有很詳細的解釋。筆者倒是擔心，這種貌似科學人其實不按科學辦事的言論，給政府的保守勢力抓住放大，影響到政府的決策。

事實是，這一屆政府在拓展土地問題上工作已經遠遠落後於實際需求，且不說香港「再起飛」乏力，即使是樓價亦升至民怨沸騰的高位，不能再蹉跎歲月了！從速大規模填海，是實事求是的科學抉擇，也是政府不可迴避的決策。

林超英的第一個論點是「沒需要」。他的支撐論據是，香港未來人口可能回落。他引用統計處的預估，2043 年達到 822 萬高峰後開始下降，2066 年會降回 772 萬水準，他分析 772 萬可能還不到，所以沒有必要大規模填海。筆者首先認為，2043 年離當下 25 年，2066 年離當下 48 年且跨越「五十年不變」，影響香港人口的要素實在太多，以此為反對理據是「蒼白」的。我們首先需要看的是當下及未來十年。

當下，香港人均居住面積 170 呎，比一個車位大一些，不及內地和新加坡的一半。香港人均收入中位數計，不吃不花近 20 年才有一個細小的私人住宅。同時，私人房屋租戶租金中位數為 1 萬港元，全港家庭住戶月收入中位數 2.5 萬港元，租金佔收入的 40%。全港現約有超過 9 萬間劏房，住着超過 20 萬人，居住面積中位數僅為 100 呎。2017 年年底香港擁有自置居所的家

庭比例為 49.5%，比董建華宣佈放棄「八萬五計劃」時 2002 年的 52.9% 還低。回歸 20 年，香港樓價升了三倍多，薪資只增加了 50%，工資增長遠遠追不及樓價升幅。據統計，2017 年國際房價負擔能力報告，香港連續第八年穩坐第一，屬於「極度負擔不起」之列，且過去兩年情況進一步惡化，從 2016 年的 18.1 倍升至 19.4 倍，如今處於空前高位，是「嚴重無法負擔」。

但是，按照香港人現有的居住水準計，政府的土地儲備已經遠遠供不應求，也就是說當下的「劏房」問題，公屋輪候上樓以至青年人置業問題都不能妥善解決。問題還在於，我們香港人是否永遠安於「170 呎」這樣逼窄的住房環境，還有我們的人口密度問題、公共用地問題都屬於「惡劣」等級，要不要解決。如果某些人住在所謂的豪宅裏誇誇其談，不看基層社會的實際需要，是否會被認為有「藍血」心態？

根據「團結基金會」就未來土地需求的估算，約 9 350 公頃，遠較政府估算 4 800 公頃的多一倍，土地短缺數目亦遠多於 1 200 公頃。重點在於，政府是按現居住水準估算，而「團結基金」是加上了市民對「美好生活」的憧憬。事實上，即使不計人口增長，如果香港人要「住大點」，大規模填海也是不可避免的選擇。

林超英的第二個理由是大規模填海將耗盡政府的儲備。他是只算投入，不算產出、不算收入。

其實，造地就是發展土地，造地本身就可以增加 GDP，就可以增加財富。深圳開發的資金哪裏來？全中國來，全世界來。2017 年，香港賣地年收 1 800 億港元，史上最多。其中，7 幅為「百億地王」，數量亦為史上最多。根據《財政預算案》的預

測，2018/19 年財政年度的地價收入將達 1 210 億元，相信湧現的「百億地王」將近 10 幅。9 幅啟德住宅用地，達到 10.2934 公頃，可發展面積超過 660 萬呎，價值接近 1 000 億元。這也告訴大家，香港當下一公頃「地王」可能帶來 100 億地價收入。

無疑，繼續推高地價樓價和租金，不是香港未來的政策方向。而大幅造地，也必然影響房地產價格的上升，但是，政府也必然不會去推倒樓市，未來造地和賣地必然是有計劃進行。自然，填海還要有交通等其他設施配套，東大嶼都會計劃，要修四條連接的橋隧，費用也是巨大的，但是，第一，所形成的總價值，必然遠遠超越投入。第二，工程必然是合理規劃，分期分批，傻瓜才會將政府的一萬億一次性投入進行「世紀大賭博」。

（原刊於 2018 年 9 月 3 日《思考香港》）

第四章

粵港澳大灣區

粵港合作第三次浪潮及利益再分配

2017 年 3 月全國人大會議上，國務院總理李克強在政府工作報告中首次提及研究制定粵港澳大灣區城市羣發展規劃。這表明粵在經過多年的醞釀後，港澳大灣區發展規劃已提升到了國家戰略層面，放到國家發展中一個非常重要的位置。粵港澳大灣區城市羣發展，正蓄勢待發。香港如何認識自身在大灣區經濟體的位置，變得更為急切。

也許，作為一個香港人，可以平靜地問一問：廣東改革開放之初，如果缺乏香港的支持和參與，粵省可以一躍為中國發展的排頭兵嗎？答案是否定的。然而，到了今天，如果香港缺乏參與大灣區經濟體的積極性又會如何？相信，多數香港市民會沉思一會，不知道如何回答。然而，熟知粵港兩地經濟發展的學者會明白，香港的缺席或消極或拖後腿，對大灣區的發展一定是有影響，至少是少了重要的一條腿，但是阻擋不住內地前進的步伐。香港「開慢車」，並不會影響人家「開快車」。相反，如果香港也提速「開快車」呢，就一定會產生你追我趕的競爭效應和「一加一大於二」的協同效應。

試想，深圳 GDP 要超越香港，如果香港也努力不讓深圳超越，或者深圳超越之後香港再反超深圳，那麼，粵港澳大灣區是何等生氣勃勃的氣象！要不做世界最有活力的地區也難。

　　筆者相信，未來粵港澳大灣區合作，最大問題、最大的難點就是香港。香港面臨一個被內地拖着走的尷尬局面。就是說，不管香港未來如何發展，大灣區的城市羣一定更加融合，更加協同發展。而香港已經喪失了過往「前店後廠」的優勢，更失去珠三角「龍頭」地位，香港在大灣區的位置到底在哪裏？恐怕是香港需要認真想一想的，香港需要有強烈的危機意識，全方位作出檢討。

　　坦率說，一說到和內地合作，香港第一時間會想到的是自身的利益。這，其實沒錯。大灣區裏的內地各核心城市和中小城市，何嘗不是也首先考慮本地的利益。粵港澳大灣區各個城市追逐自身利益，當然是大灣區發展源源不斷的動力源泉。但是，大灣區本質協同發展，是經濟的高層次融合，人流物流的順暢流通的基礎，強大的金融支撐，創新科技的領頭羊，為經濟發展帶來新競爭力。世界公認的三大灣區：三藩市灣區、紐約灣區和東京灣區就是例證。香港在大灣區裏得到甚麼，與其能夠貢獻甚麼，必然是息息相關，環環相扣，「取之」與「予之」，必然是成正比的。

　　與三藩市灣區、紐約灣區和東京灣區三大灣區相比，粵港澳大灣區有兩個顯著不同的特點，第一，三大灣區都只有一個中心城市，而粵港澳大灣區則有香港、廣州和深圳三個中心城市。第二，三大灣區都是一國一制，而粵港澳大灣區則存在一國兩制，香港和澳門與內地實行不同的社會制度；還有，城市的管轄體制

也不同。廣州、深圳等珠三角城市，都統一歸廣東省領導。而香港、澳門的經濟發展屬內部事務，自己管自己。於是，香港要找到自己在大灣區適當的位置，要自強，還應該配合中央的協調。

一、大灣區建設是粵港合作的第三次浪潮

粵港澳大灣區的概念不是香港先提出。早在 2009 年，內地就有人提出粵港澳大灣區的構想。2014 年，深圳市政府工作報告也首次提出「灣區經濟」概念，把粵港澳城市羣勾連起的灣區作為一個整體規劃。2015 年 3 月，在國家發改委、外交部、商務部聯合發佈的「一帶一路」相關檔中，則提出要「深化與港澳台合作，打造粵港澳大灣區」，並於 2016 年，打造粵港澳大灣區正式被寫入國家「十三五」規劃中。

內地專家說，粵港澳大灣區城市羣的建設和發展，目標是促進港澳地區和珠三角地區的經濟融合發展，實現區域經濟一體化；有利於進一步打造粵港澳「一小時生活圈」；有利於發揮三地協同效應，吸引高端人才集聚，加快構建世界級的科技產業創新中心。

回顧本地區改革開放近 40 年來，大灣區建設應該是港澳與珠三角地區的第三次合作浪潮。

粵港合作的第一個浪潮，是 1978 年改革開放初期。當內地嘗試打開門戶，大批港商即作為頭一批「吃螃蟹」的人進入珠三角設廠生產，當時主要是搞低端的「三來一補」（來料加工、來樣加工、來件裝配、補償貿易）。後來逐步升級為「三資」企業（中外合資、中外合作、獨資企業）。基本是香港資金、技術和海外

市場，利用大陸人工、廠房和原料的低成本優勢，以「前店（香港）後廠（珠三角）」方式，大大擴張了港商的生產和出口能力，令香港的經濟體積以倍數增長。珠三角也率先成為中國的「世界工廠」，為「製造業大國」開了好頭，粵港各得其利。

隨着內地經濟快速發展，產業不斷升級換代，低端的產業逐步被淘汰，汪洋主政粵省年代適時提出珠三角要「騰籠換鳥」，加上內地本地資本的企業包括民營國有或混合式不斷壯大，也可自己尋找海外市場，粵港「前店後廠」的模式逐漸式微。面對廉價勞動力和低生產成本的日子結束，在珠三角發展的港商也兵分多路，一部分年紀大的告老回港，而第二代則不願繼續在內地打拼；一部分也轉在內地做房地產，或回香港的房地產和金融業找快錢；還有部分，及時轉型搞服務業；唯有經營高科技、高增值產業的才可生存。

在這一期間，粵港合作主要以粵港聯席會議形式領銜。當年粵方是由廣東省常委、副省長王岐山領軍，港方組長是政務司長陳方安生。然而效果不彰，「高層會議」屢屢流於形式，談不到實質問題。問題的責任，應該在於陳方安生，她對內地持有高度戒心，怕粵港合作走得太密會令香港逐漸變成一個中國內地的普通城市，不利香港的國際都會定位。她當時還要強化香港與深圳的邊界線，使新界北部地區發展緩慢。現在回頭檢討，顯然這是反映港英年代培養的公務員對一國兩制還是有錯誤理解，尤其誤認為香港與內地融合會削弱香港的價值，耽誤了香港的發展。

當時，雖然粵港聯席會議收效不大，但特首董建華對於推動粵港合作仍然十分積極，粵港融合建立「3小時生活圈」、「大珠

三角」等概念陸續提出，到張德江主政廣東時提出「泛珠三角九加二」，即 9 個內地省份加上香港和澳門，組成一個「超級大經濟圈」，都是建立更密切粵港關係的嘗試。

粵港合作的第二個浪潮，是以 2003 年中央政府推動 CEPA（內地與香港關於建立更緊密經貿關係的安排）為主要標誌。根據 CEPA 規定，容許兩地在人和財兩方面有更大的「互通」，香港服務業、金融業以及其他更多行業可以進入內地；內地則放寬旅客、資金來港。「自由行」更為香港零售和旅遊帶來一片榮景。

值得指出的是，第一，CEPA 的推動，是港方主動向中央、向內地要求的。其時，香港經歷了一次經濟低谷，由於亞洲金融風暴和沙士、禽流感等疊加襲擊，樓市泡沫爆破，樓價暴瀉，過百萬戶樓宇「負資產」，GDP 一度負增長，香港方面以救急方式要求中央開放「自由行」。只不過後來香港政府疏於管理，加上別有用心人士的挑撥，過度的內地遊客也為香港帶來不便，成為激發兩地矛盾的一個火頭。

第二，粵港合作由「市場主導，政府配合」轉為「政府主導，依市場需要規劃」。CEPA 協議，是由兩地政府磋商，以協議形式落實。自此之後，香港與內地經濟融合成無可逆轉趨勢。而香港則學會向國家要政策，要優惠，香港經濟要依賴國家政策協助，才能得到更大的發展空間和機會，這也成了一種趨勢。

第三，受惠於 CEPA 開放市場和自由行刺激本地經濟，香港經歷了另一次繁榮期，但這次基層市民得益不多。數據顯示，這段時期本地就業崗位不斷增加，失業率偏低，但創造的都屬於低薪職位，港人的入息增長在過去 10 多年並無顯著增幅。而這

一期間，由於香港政府土地政策失誤，導致土地供應緊缺，樓價飛升。

第四，CEPA 的推出，也顯示香港與內地經濟的合作，向着制度、規則等更高層次的合作。

第五，這一期間的發展，顯示香港的優勢，尤其是「制度優勢」在減退；而內地的短板在逐步補齊，原來香港有的、內地缺的、內地逐步補上，內地的「制度優勢」則不斷發揮作用。

當下，推進粵港澳大灣區城市羣建設，之所以成為粵港合作的第三次浪潮，既是「水到渠成」的產物，也是「突破瓶頸」的需要。所謂「水到渠成」，指目前粵港澳三地的協同發展已有一個良好的基礎。三地已形成良好的產業分工合作關係，區域跨境基礎設施網絡逐步完善和 CEPA 安排為內容的制度合作基礎。在這三個基礎和條件下，進一步推動粵港澳大灣區城市羣的發展是一個水到渠成的結果。

而所謂「突破瓶頸」呢？無疑，當下深圳、廣州的科技創新企業與世界三大灣區相比，還有很大差距。而香港經濟轉型發展的「瓶頸」更為突出。香港回歸 20 年來，GDP 增速一直在低點徘徊，甚至給面積和人口都少的新加坡超越，而且至今沒有找到新的增長動力，資金醉心於房地產。因此，推進大灣區建設，既是更好地發揮港澳獨特優勢，提升港澳特區在國家經濟發展和對外開放中的地位與功能，更是助推香港經濟轉型發展。有利於港澳更好地拓展自身經濟功能和營商規則優勢，更好地融入內地改革開放進程中，從而解決內部經濟發展問題，順利進行經濟轉型。

那麼，粵港澳大灣區會否為香港帶來另一次繁榮期？

按中央構想，粵港澳大灣區主要發展創新科技和創業，概念應來自美國矽谷灣區，當地駐紮了多家世界級科網和科技企業。香港受惠於大灣區應該首先在於市場──大灣區包括粵省的廣州、深圳、珠海、佛山、中山、東莞、惠州、江門、肇慶，再加香港、澳門，有兩個經濟特區、兩個特別行政區，擁有全國約五分之一的國土面積、三分之一的人口和三分之一以上的經濟總量。這一個龐大市場，可以為香港創業者提供很多機會。而且在涉及香港強項金融業方面，粵港澳銀行業總資產合共 42.7 萬億元人民幣，遠超江浙滬「長三角」。據預測，到 2025 年珠三角加香港的整體銀行盈利將可達到 1.44 萬億元，超過東京、紐約而成全球最高地區。

　　其次，制定粵港澳大灣區城市羣發展規劃能夠促進港澳和珠三角地區的經濟整合，實現一體化發展。也就是，從「前店後廠」的產業層面分工合作，上升到 CEPA 之後的制度合作，再通過粵港澳大灣區城市羣規劃的各個層面的深化整合，提升區域一體化水準。

　　再者，從居民生活角度來看，粵港澳大灣區城市羣發展規劃有利於進一步打造三地的「一小時生活圈」。粵港澳三地有着迫切交流的需要，粵港澳大灣區城市羣發展規劃，能使粵港澳三地居民的交流更為便利，使「一小時生活圈」、「一小時學術圈」成為現實。

　　此外，粵港澳大灣區城市羣發展規劃能有效發揮三地協同效應，創造一個吸引全球高端人才集聚的環境。香港擁有國際化人才網絡資源，珠三角地區有很好的產業化鏈條和國內大市場，

粵港澳三地可以協同發展，形成有國際影響力的科技產業創新中心。

二、香港須正視在大灣區發展中的劣勢

說香港在大灣區發展中有劣勢而不是優勢，大概很傷自己香港人的感情。但是，很抱歉，這是現實。很簡單，數字可以說明問題。在中國改革開放初期，香港的 GDP 還佔全國的四分之一，而如今已經滑落到只達百分之二三。廣東的省會 —— 廣州的經濟規模已經遠超香港，深圳也在短期內超越香港。也許，香港有人說，我們不是以 GDP 論英雄，但是，數字硬梆梆的顯示，香港的優勢在減弱，劣勢在增加。

重要的是，知恥近乎勇。香港要清楚自己的短處，才能在大灣區發展中重新起步。

一個事例，是「港深雙城記」的故事。深圳這個之前的邊陲漁村，當年 GDP 幾乎可以忽略不計，但是在 2015 年正式超越香港。雖然人均 GDP 還落後於香港，但是高科技產業帶動服務業、金融業，深圳的內生競爭力優於香港。在未來可見的十年，深圳的 GDP 增速將保持在香港的二倍多。有人說，深圳還是一個 20 歲的年輕人，香港則是一個 60 歲的老人。甚至有人斷言，深圳的樓價會超越香港。

另一個事例，是「港星雙城記」。新加坡人口少於香港，港星於 90 年代並列於「亞洲四小龍」，經濟總量及人均 GDP 香港一直高於新加坡。然而，2003 年新加坡人均 GDP 超過香港，2010 年新加坡經濟總量首次超過香港。2014 年全球創新指數顯

示，新加坡排名第七，是亞洲之首，香港則排第十；另外，香港於知識密集產業相關就業、產學研合作及擁有中高科技人員，均落後於新加坡。

具體而言，香港優勢弱化有如下表現：

第一，地理劣勢越來越顯現，使到香港航運、物流、客運在大灣區的領先地位不斷下降。2016 年，香港貨櫃輸送量已被青島港超越，排名跌至全球第六位。在 2004 年之前，香港貨櫃運輸量一直雄踞世界第一，之後連續被上海、新加坡超越。近年更是連年下跌，逐年被深圳港、寧波港、青島港超過。香港業界人士坦言，「香港跌出三甲後，排名已不再重要。」香港政府並因此否決了建造十號貨櫃碼頭。

事實上，香港被超越，並不是自己保持原先的貨運量而人家增長了，傷心的是自己不斷下降。2015 年世界前五大最繁忙港口當中，唯獨香港連續十年下滑，上海、深圳、新加坡、寧波都大幅成長。據香港統計處資料，2015 年香港港口貨物輸送量下跌 13.8%。德意志銀行預測，未來十年香港港口貨物輸送量將下降一半。香港其他行業，也都遇到類似的挑戰。

雖然，目前香港貨櫃碼頭還有足夠能力處理現今各種類型的貨櫃船，包括超大型貨櫃船，而且香港貨櫃業在各相關配套，包括海港管理、基建、物流、清關安排以至法律、仲裁、保險等依然保持一定的競爭力。但是，如果內地的自由貿易試驗區爭取放寬國家沿海運輸權法規，允許外輪在內地港口開展中轉業務成功，原本掛靠香港的船舶將可能轉移到內地，那麼，香港的接貨量還要進一步下降。

在此，香港原來最靠出海口的地理優勢，變為了劣勢，因為貨運的「就近原則」，香港的貨運必然被深圳港、廣州港、高欄港、中山港、湛江港、汕頭港、海口港等大灣區內的港口不斷分薄。至於空中客運和貨運也是同樣的命運。香港在這方面的努力，只是延緩下降的進程而不能改變這個趨勢。

第二，香港原來的「獨有行業」被紛紛打破，不再「獨有」。例如，在大灣區內，深圳股市的崛起壯大，打破了香港聯交所的獨有生意。而前海、橫琴和南沙三個自由貿易區金融業的發展，也不斷分薄香港各類金融機構的業務。而且，這三個自由貿易區打正旗號的「港貨」生意，以及無限增長的免稅商品生意，必然不斷蠶食香港的「購物天堂」。香港「自由行」熱潮的急速消退，與此有着重要的因果關係。

第三，香港生產效能下降，重大工程嚴重延期。香港過往以效率高著稱於世。但是近幾年來的重大工程都嚴重延誤，不但島內的公路、鐵路工程延誤，包括高鐵和港珠澳大橋香港段工程拖延是以年計，使到廣東方面的相關工程也受到影響，更為主要的是香港的金字招牌蒙灰，影響到香港和內地未來的工程及其他方面的合作。

第四，香港在短期內還找不到經濟發展強勁的內生動力。香港上世紀起飛成為四小龍之一，首先是搭上三次全球產業轉移的「便車」，包括 19 世紀 60 年代，發達國家轉移勞動密集型的產業；19 世紀 70 年代兩次「石油危機」促使美日也轉移資本密集型產業；19 世紀 80 年代，科技革命使發達國家繼續轉移勞動和資本密集型產業。香港在這三次轉移鏈條中都處在靠前的位置。

其次，中國的改革開放更是給予了香港如特首梁振英所說的「超級聯繫人」的地位與發展的機會。但是，隨着大灣區各個城市的發展，內地經貿依賴香港的情形甚至產生質的變化，不但眾多的經貿活動都可以繞過香港。而香港自身則由於「地價樓價租金三高」的結構性矛盾，使到產業空洞化，單一化。金融、地產、進出口貿易和旅遊等，這四大板塊的產值佔了香港 GDP 的半壁江山。而在高科技產業，香港完全空白。原來一度異常繁榮的影視產業亦江河日下，被視為香港衰敗的象徵。雖然，香港還是屢屢在經濟自由度排列前位，但是競爭力確實乏善可陳。最要命的是，這些經濟上的結構性矛盾，不是短期可以解決，致使人們看不到香港的經濟前景。

第五，二次分配不暢，社會矛盾激化。香港回歸以來港人生活水準沒有明顯提高。政府資料表明，從 2003 年到 2013 年，香港實際 GDP 增長了 55.6%，而從業員的薪金並沒有明顯提高。香港每月就業收入中位數僅從 1 萬港元增加到 1.3 萬港元，折合年增長率不足 3%。同時，由於經濟發展遲緩，使到社會矛盾積累並且激化，首先是購房難，年輕人安居置業艱難。以 2003 年作為基數，香港私人樓宇單位的售價到 2013 年時上漲了 4 倍，而同期私人樓宇的租金也相當於 2003 年時候的 2.09 倍。2016 年的政府調查，香港家庭收入中位數有提高，但是，樓價的升幅更為凌厲。其次，作為發達經濟體中唯一沒有全民退休保障制度的地區，長者貧困也正在成為香港的重要問題。據 2012 年的相關統計資料顯示，香港有接近 30 萬的長者生活於低收入家庭，佔整體長者人口的 32.6%，預計貧困長者的數量將上升到 2039

年時候的 71 萬。再者，香港的大學升學率之低，在發達經濟體中也堪稱罕見。適齡青年升學率僅三成左右。還有，醫療供應不足，2003 年到 2013 年，香港醫療機構病牀數從每千人 5.3 張下降到 5.1 張。由於政府二次分配不力，基層生活水準下徘徊，更與富裕階層的財富效應和累積成鮮明對照，造成貧富懸殊激化，社會怨氣上升，反過來阻礙政府正常施政，也影響經濟發展，形成惡性循環。

第六，「泛政治化」現象延續不止。香港政治環境惡化，其實不在於某些人提出激烈的本土、港獨等回歸以來首次出現的反回歸反一國兩制的口號，而是在於愛國愛港者處於弱勢的狀態不是短期內可以改變。而目前較為突出的青年，教育，法律和媒體界的問題，更是一個系統工程，不是三五年就有可觀的改變。由於香港回歸實行「一國兩制、港人治港」，沒有實行「去殖民化」，這一結構性問題的存在決定了香港大多數人認同國家認同民族，可能是一兩代人的事情。

而經濟問題，也被各種勢力作為反政府的政治工具。對於香港近年來越演越烈的「拉布」，稍有理性的市民都深惡痛絕，但是也必須看到這種鬥爭不是短期內可以解決的，有關方面必須認真思索對策，給予有力的反制。高鐵近期撥款通過，雖然並不完美，但是也是一個鼓勵。還有，反水貨的行動傷了內地人的心，既要有力反對這種挑撥兩地矛盾的行為，政府也要有效管理內地遊客來港的秩序，盡力減輕對市民的騷擾。

特別指出的是，近年來，香港「本土主義」抬頭，香港政府也提出「港人優先」的政策。筆者以為，在使用這些概念的時候

都要小心翼翼。因為，這些概念都容易被有心人向阻礙兩地融合方向發展，成為開創粵港澳大灣區的阻力。本來，所謂本土就是一種鄉情，不應有利益取態。香港本土，應該是鄉情本土，理性本土，不但不應是激進本土，暴力本土，革命本土，獨立本土等等，而且不應是香港與內地族羣的區分，而香港政府過分強調香港人優先，有意無意也對內地人做出族羣的區分，對香港與內地融合有害無益。

第七，香港工商界缺乏領導力。香港保留原來的資本主義制度，也就是說香港的資產階級要在政治經濟各個層面發揮領導和主導作用。但是，香港的工商界還是繼承了中國資產階級軟弱、胸懷不寬、眼界低、政治能力弱的特點，很難擔負其歷史使命。其表現，一是代表工商界的自由黨發展每況愈下，立法會議員越來越少，其提出的各項政策沒有香港的大局觀，而且左搖右擺。二是，香港的工商界，眼界淺，只看眼前鼻尖下的利益，不懂得通過勞資和諧，社會和諧而營造有利的營商環境去謀取更大利益，不懂得香港整體好，工商界才好的道理，在最低工資，低保，強積金對沖長期服務金方面，與勞方斤斤計較，與西方成熟的工商黨比較完全是小兒科的角色。

再者，香港的工商大佬雖然坐擁巨額資金，但是缺乏對世界經濟潮流的把握，還是沉迷於地產，股市等方面，不能創造香港的新生生產力。這一問題，也不是短期可以解決。倒是，一些內地企業將互聯網＋等概念帶來香港。

第八，政府政治和經濟管理能力弱化，不及殖民政府。特區政府目前面臨反對派惡性杯葛的局面，立法會的制度也不能阻止

非理性「拉布」。董建華近期的一個演講指出，由於香港現行的體制，導致三任行政長官都因為「手中無票」，無法落實「行政主導」。相信，林鄭月娥當選新一屆行政長官，也將面對施政困難的局面。

還有，政府某些部門陳舊的不干預經濟理念及保守的理財哲學，頑固的並繼續以合理的面目存在。回歸之前的過渡期，港英政府對經濟發展基本處於袖手旁觀的角色。香港回歸之初，特區政府受港英遺留的所謂「積極不干預」的理念影響，對兩地的經貿合作及各方面的交流也採取了「無為而治」的做法，只是繼續由商界以民間和自發的方式進行，這在當時的條件下，也許差強人意。但是，在香港回歸已經快19年的今天，特別是隨着國家已經成為世界第二大經濟體之後，這種陳舊保守的模式，顯然就不能適應時代的發展需要，更不能幫助香港抓住難得的歷史機遇，奠定長期繁榮穩定的堅實基礎。

另外，香港目前還是世界最有錢的政府，但不是最善於使錢而刺激經濟發展的政府。踏入2016年，有大商人說是20年來最差的年頭，但是香港政府未能積極地運用財政、貨幣等手段，主動用錢刺激經濟發展。

本來，香港有全世界品質最好的奶粉，其秘訣在於香港市場高度開放，香港奶粉的高品質和低價格都是市場開放的產物。本來內地人來港購買奶粉及水貨客帶奶粉，都不會破壞這樣的格局。但是，據悉某些奶粉供應商一時貪心，利用春節期間的購買旺季，囤積抬價，結果影響到香港本地平價名牌奶粉供應緊張。於是在以挑動內地和香港矛盾為己任的政客推波助瀾下，有人建

議政府像澳門那樣由政府出面保證本地充足供應，香港政府沒有接受而採用「限奶令」。痛惜香港自由港政策受到侵蝕的港商說，全世界的海關一般是「管進不管出」，自由港的香港反而要管制奶粉過境，反常了。

至於香港土地短缺的癥結，外人都不明白香港政府為甚麼不能解決。唯一的是採取辣招壓抑飆升的樓價。目前，香港居住房屋只佔香港總面積的百分之四，香港郊野公園加其他綠化地、棕地還有百分之六十以上。況且，香港四面環海，還可以填海造地。

第九，一言蔽之，「制度優勢」弱化。這裏指的不是資本主義制度與社會主義制度的比較，而是說，從上面各種弱勢現象的呈現，可以歸因到香港制度結構問題上。香港作為一個細小的經濟體，原來的許多優勢是建基於內地的落後之上，當內地剛上來之後，即優勢不再。其次，香港的一些固有的制度優勢，例如自由港和股市等，很多方面也被內地模仿而不再為獨有的優勢。在此消彼長之下，香港固有的劣勢相對突顯，尤其是細小經濟體的脆弱性，迴旋空間小，政府主導能力差，都歷歷在目。

三、香港首先要自強

對於粵港澳大灣區發展，可能香港首先搞好自身，就是最大貢獻。面對粵港澳大灣區發展的挑戰，筆者認為，香港心態會非常複雜。香港人，第一時間會想到，香港會得到甚麼好處？接着，也會想到自身的弱勢，擔心被邊緣化。再就是，香港會想到，藉此機會再向中央，再向鄰居要好處。事實上，如何擺正自身在大灣區的位置，是需要香港再認識的問題。香港已經喪失了過往

「前店後廠」的鋪面位置，更失去珠三角龍頭地位。香港已不是珠三角的「龍頭」，但是香港還有強烈的「龍頭」心態。另一方面，回歸 20 年，香港問慣了中央要「好處」，在粵港澳大灣區規劃擺上國家戰略層面的時候，再多向中央要優惠政策，再叫內地鄰居城市讓利，自然是難免的。於是，這樣一些不健康的矛盾心態可能會模糊了香港的眼光，更不用那些「為反對而反對」的聲音。到底，大灣區的規劃是如何去制定，還沒有出台，那些人就妄稱「被規劃」。他們不知道，如果香港被邊緣化才是可憐的悲劇。

因此，筆者認為，香港最為準確的態度是自強。香港最需要激發不甘落後，重振雄風的「獅子山精神」，而不是尷尬地被內地拖着走。2017 年 3 月，人大委員長張德江在兩會上又說，深圳的 GDP 還比香港差一些，可能很快超越香港。那麼，我們香港敢不敢說，我們不能被深圳超越！我們不會被深圳超越！不可否認，深圳是國家改革開放的「奇跡」。從一個邊境小鎮，30 多年便演變成 2 000 萬人口的大都會，世界級的製造業中心，集裝箱運量已超越香港，現為全球第三大，還是世界公認的創新經濟「硬體的矽谷」。事實上，深圳的本地出口、消費亦已超越香港，只是以美元計算的本地生產總值還稍落後於香港。2016 年深圳經濟增長 9%，香港只有 1.9%，若不是人民幣兌美元貶值，其實就超越香港。但是，香港的優勢依然是內地城市不可替代的，香港若然有不甘落後的決心，正如林鄭月娥所說的輸給新加坡「不甘心」，那麼，激發起香港的潛能，是否可以從中獲得新的發展動力，獲得新的騰飛期呢？

試想，如果香港奮發，第一，不被深圳 GDP 超越；第二，

追趕廣州，反超廣州。那末，粵港澳大灣區就會呈現一個你追我趕、生動活潑、龍騰虎躍的局面；原來不像世界三大灣區一個中心的劣勢，反而成為內生競爭的動力。相信，這也是中央將粵港澳大灣區提高到國家戰略層面時最想要的元素。

事實上，香港還有巨大的發展空間，巨大的發展潛力，GDP增速可以迅速從百分之二三翻番。香港可以有一個比當年港英政府玫瑰園計劃更加宏大的大計。

現任政府提出了一個「2030+」的計劃，其實這是一個謹小慎微的計劃。2030+ 提出「三條發展軸心」概念，包括連接北大嶼山、洪水橋、屯門和元朗南的西部經濟走廊，連接古洞北、落馬洲河套區、蓮塘口岸的東部知識及科技走廊，以及涵蓋六個過境通道的北部經濟帶，同時在交椅洲和喜靈洲將進行大規模填海約700 公頃。如果，比起香港回歸 20 年所為，其規劃不能說不大，但規劃仍指出，即使按這個規模開發，本港將仍欠約 1 200 公頃用地。因此，不能不問，為甚麼不能增加填海面積，包括在南丫島到鴨脷洲之間。再多填 1 200 公頃，甚或 2 400 公頃又如何？

香港又為甚麼不可以大膽設想，在填島後修兩條跨海大橋，一條從愉景灣到坪洲、交椅洲再到青洲，到域多利道；另一條則是經喜靈洲，南丫島連接大嶼山和鴨脷洲。再就是，在不大動郊野公園的前提下，修一條大嶼山的環島公路。於是，香港四周的經脈完全打通，那才真是一個大香港。

當下，海內外各路資金湧港搶地，不斷推高地價。但是香港缺地，有資金來，無土地供應，不是白白的放走了香港再騰飛的資金流？深圳當年一個小漁村，不就是靠用外來資金發展起來？

如果，香港政府有大量土地在手，香港當下的樓價高企，生意難做等困局即迎刃而解。

四、中央需要繼續扶持香港

毛澤東說過：「唯物辯證法認為外因是變化的條件，內因是變化的根據，外因通過內因而起作用。」很清楚，未來香港再起飛受到兩個重要因素的影響，一個是外部的因素，包括國際的經濟大環境和國家經濟發展的環境以及對香港的影響。另一個則是香港自身的因素，包括香港經濟，社會和政治各種因素的影響。從整體和長期而言，決定性的因素是香港自身，是變化的根據；而外部的因素則是變化的條件，外部因素是通過香港內部因素而起作用。香港自己不努力，誰也不能強迫香港向上；香港不思變，國家不能代替香港發展。

不過，香港正遭遇發展的一個嚴重瓶頸，突破這個瓶頸之困難可能單靠香港自身力有不逮，或者說需要一個漫長的徘徊期。因此，急需國家的支持，伸手拉香港一把尤其重要，將起到事半功倍，甚至是四兩撥千斤的作用。香港是一個細小的經濟體，國家略施微力，香港經濟都可能有意想不到的收穫。

在香港目前的現實情況下，單靠香港自身的因素，是很困難的事情，也要較長的時間。因此，在時不我待，一步掉隊步步掉隊的急迫條件下，急需國家支持，中央扶一把。一直以來，中央支持香港，提出很多「惠港措施」，如 CEPA、自由行、離岸人民幣結算、滬港通等，必須認識到，這些「惠港措施」，也是中央和香港雙贏的措施，也是內地和香港雙贏的措施，所以這些措施不

怕多只怕少。同時，目前因為香港的政治環境惡化，「港獨」思潮抬頭，排斥內地行動時有發生，因此內地有人產生讓香港自生自滅的糊塗觀念。事實上，香港的發展也關係到「兩個一百年」的中國夢的實現。國家好，香港好；香港好，也有助國家發展。因此，筆者認為，在目前一段時間，就香港發展而言，國家支持的外因超過香港自身的內因，成為主要的動力。中央需要毫不吝嗇的提出「惠港措施」，毫不吝嗇的想方設法支持香港。通過中央的支持去刺激香港的內生動力。

1. 中央在粵港利益對撞中宜繼續遷就香港

香港回歸以來，在香港與內地在經濟發展以及大型工程項目合作遇到矛盾的時候，北京總是偏向香港，寧可傷害內地的利益，也遷就香港。最典型的事例是港珠澳大橋，當時的粵省並不同意這個名，說廣東出資佔大頭，主體工程也是廣東做，應該叫粵港澳大橋。中央最後判香港贏，叫港珠澳大橋。原來這條橋，廣東認為應用「雙 Y」模式，即在珠江西岸有珠海和澳門兩個落橋點，在東岸也要有兩個落橋點，即香港之外在深圳也有落橋點。但是，香港堅持「單 Y」，在珠江東岸只有香港一個落橋點，不能有深圳的落橋點，怕珠江西岸的生意被深圳搶了。結果，中央還是撐港，廣東便自行建設中山到深圳的通道，實際也是廢了這條橋的一半功能。

在香港和深圳 20 年來的河套地權之爭，中央最終還是挺香港，將地權百分百給了香港。

在粵港澳大灣區規劃制定中，必然還會遇到利益博弈的難題。為了防止「無序競爭」，以至「豆萁相煎」惡性競爭而分工合

作，實行優勢互補，必然要由國家層面出頭再當「魯仲連」。在處理這些矛盾的時候，中央還宜從大局出發，適當向香港傾斜，照顧香港的利益。

2. 繼續在「自由行」方面給予支持

2003 年中央為了支持香港推行的「自由行」政策，挽救了當時頻臨崩潰的香港經濟。這些年，「自由行」已經不但是香港普遍就業的良方，而且也使到旅遊業對香港的貢獻超過地產而成為香港的重要支柱。但是也由於管理跟不上，也給市民帶來不便，並成為反對派搞事，排斥內地人的藉口，影響到內地人來港的意欲。但是，決不能因噎廢食，保持「自由行」的適當規模，是當前香港克服經濟逆境的捷徑，中央可開放更多內地尚未開放的城市。

3. 在香港基建上繼續給予支持

在「十二五規劃」港澳專章，寫上了香港的高鐵，港珠澳大橋等基建項目，而在「十三五規劃」則隻字不提。有人說是因為香港的工程嚴重拖延，不管怎麼說，希望中央不要因此影響對香港基建的支持。既然香港落後了，中央更應該扶持。現時，香港正籌劃建設新機場第三條跑道，有不少問題涉及與內地關係，例如空域的使用問題，中央宜對香港給予照顧。此外，香港還有一些口岸、道路建設，國家也宜關照香港。

4. 在金融業方面更多利用香港

香港是國家的一個集資中心，一個對外金融聯繫的中心，一直以來中央積極利用香港，香港也為國家做出重要貢獻。由於金融是香港的頭牌產業，當下需要國家注入更多的強心針，以發揮

短期刺激功效。深港通宜盡快開通，更為重要的是，作為「一帶一路」的融資機構亞投行，可否盡快吸收香港加入，同時在香港設立分支機構，最大限度發揮香港的融資、集資、人民幣離岸中心和其他金融作用。另外，中央也可在香港設立一些「一帶一路」的基金，發行「一帶一路」建設方面的債券等等。

5. 在港設立仲裁中心

香港法律制度在國際有一定認可度，因此國家在香港設立一些仲裁機構，為在「一帶一路」建設中出現的商業糾紛、基建糾紛、海上運輸糾紛等問題的仲裁提供方便，是可以嘗試的新事物。

6. 在港發展「一帶一路」沿線國家教育中心

香港的教育有一定的國際地位，行政長官梁振英已提出設立「一帶一路」獎學金，為「一帶一路」沿線國家青年學子接受高等教育提供方便。這是發揮香港人文優勢，促進沿線國家互聯互通的戰略舉措。顯然，如果內地高校也積極參與，使香港成為「一帶一路」的一個教育中心，是發揮香港在「一帶一路」建設的作用，並帶動香港教育產業發展成為新的經濟增長點的良好舉措。

7. 在港發展「一帶一路」沿線國家媒體中心、文化中心等軟實力機構

目前，國家級的媒體在香港都有亞太中心，內地一些大的互聯網媒體也進入香港發展，香港基本法保障的資訊自由，新聞自由，以及歷史形成的國際媒體中心的條件，使香港可以發展成為「一帶一路」沿線國家的媒體中心，為沿線國家服務，就此，可以採取中央，內地省市，以及民營等各種方式來港投資興辦。原來，中央一套節目通過香港亞視在港落地，現在由於亞視沒有了

免費電視牌照，中央一套也告別了港人。其實，為何中央台不可在香港落地？在香港積極發展「一帶一路」沿線國家媒體中心，既有利推動「一帶一路」建設，有利在國際社會正面宣傳國家形象，也有利改變香港本身的媒體生態，扶正祛邪。

8. 扶持香港科研機構，促進香港科技產業發展

科技產業是香港一個短板，香港的科研也是弱項。但是，香港在急起直追，政府已成立科技局；香港還成立科學院。香港在吸收和轉移利用國際先進科技產品，也有其獨特的優勢。因此，國家在扶持和利用香港科技產業，是大有文章可做，例如，可否大膽改革，使中國科學院，中國工程學院，中國社會科學院等都可以在香港設立分支機構。

9. 對港人進入內地享受國民待遇的「門」還要開大些

長期以來，香港和內地的融合向着越來越方便的方向發展，但是，有專家批評說，香港和內地同屬一個國家，但是便捷程度還不如歐盟國與國之間的往來、就業等等。自實行 CEPA 之後，香港服務業進入內地市場，但是港商還常常抱怨「大門開了，小門沒有開」，還有「玻璃門」和「彈簧門」等問題，這些問題均與兩地的體制、法規、服務標準不同有關。在「一國兩制」的背景下，盡量降低制度差異導致的成本，增加制度互補帶來的收益，追求制度多樣性和互補性條件的收益最大化和成本最小化，應是粵港澳大灣區建設始終要追求的目標。

其次，社會發展方面的合作，包括社區建設、醫療衛生、勞動就業、社會保障、養老、教育、科技、文化、體育、旅遊等方方面面。從總體上看，香港水準還是明顯高於廣東和珠三角地

區，廣東可以向港澳學習社會建設和發展方面的經驗，應該進一步開放這一領域的市場。

隨着社會經濟發展，港澳地區的居民到廣東特別是珠三角地區生活、養老的人數會增加，內地應盡可能提供方便。

五、香港服務大灣區　得益大灣區

粵港澳大灣區建設，本質就是融合，就是協同發展。無疑，相互也有競爭。例如，深圳港就是搶了香港的貨櫃量，而躋身全球三大，而香港則滑落至世界排名第六。對此，香港只能正視發展的現實，不必要做無謂的掙扎，那只是延緩香港物流被鄰近港口代替的進程，而不能改變這個趨勢，因為「物流就近」的原則是不可改變。香港只有放長雙眼，才能更清晰找到自身在大灣區的定位。

值得強調的還有一個宏觀層面上的問題。香港在未來大灣區建設發展中，也許能夠對「一國兩制、高度自治」方針，有更加全面正確的認識。所謂「一國兩制、高度自治」，在管理層面就是內地與香港「分治」，從某種意義看，分治其實就是實行「井水不犯河水」的隔離政策。隔離固然可以防止內地分享香港的既有資源和利益，免除了香港民眾的顧慮和擔心，有助於更好地保障香港民眾相關權益。但是，長期的隔離會固化香港與內地之間的差異，容易強化香港居民的自我意識和主體意識，認為香港就是香港人的香港。這種意識一旦遇到對中央的不滿情緒時，就很容易轉化為分離主義意識。近年，香港「港獨」抬頭，這不能不是一個重要原因。

那麼，如何克服這個消極的因素呢？融合，是正確之途。粵港澳大灣區的規劃發展，就是更好的融合過程。但需要中央和大灣區的持分者，摸索和制定一些合理的制度設計和法律框架，去積極推動港澳與內地的融合。此乃事半功倍之事。

筆者相信，香港須認清自身在大灣區的位置。而「服務大灣區，得益大灣區」，應該成為香港與大灣區城市羣合作的信條。

（原刊於 2017 年 12 月）

做足不可替代優勢的文章
—— 香港深入參與「一帶一路」做貢獻的思考與建議

自國家主席習近平 2013 年向全世界提出「一帶一路」倡議以來，該項造福全球的事業深入人心，碩果纍纍。當下，「一帶一路」倡議發展到一個嶄新的階段，香港理所當然要做更多的貢獻。我認為，香港方面應該配合國家，將如何發揮香港「不可替代優勢」的文章，做大，做足，做充分，在原來已開展的金融、商貿基礎上，更着重發展專業服務和法律服務，使香港成為「一帶一路」的專業服務中心、教育培訓中心、產品檢測及認證中心、商業糾紛調解及仲裁中心，以及國際海事法庭。

習主席最近會見港澳代表時強調，「在國家改革開放的進程中，港澳的地位是獨特的，港澳同胞所作出的貢獻是重大的，所發揮的作用是無可替代的」。他還希望港澳同胞在今後融入國家大局，抓住「一帶一路」、粵港澳大灣區等重大機遇，繼續發揮「不可替代」的作用。無疑，正是香港有着歷史形成的得天獨厚的優勢，而一些也是因為社會制度不同而內地不具備或者暫時不具備的優勢，使到香港能在國家發展中產生「不可替代」的作用。

對此，我們香港人應該也有正確的認識，不高估，也不低看，在「一帶一路」發展中找到自己獨特的位置，獨特的角色，發揮獨特的作用。這樣，也才能事半功倍，不流於空談。

一、營造「一帶一路」專業服務中心

香港專業服務優勢，特別是在專業高端服務方面具有獨特優勢，是香港作為中西交匯的自由港長期發展歷程中形成的。香港不僅擁有精通國際規則的專業化人才，還有許多國際性的專業服務機構，包括在會計、保險、盡職調查、稅務及管理顧問服務，在市場進入評估、企業融資及交易結構、企業管治及稅務諮詢、合規及審計、風險評估及配置等多方面，皆擁有與國際投資者、貸款人及公營機構合作的廣泛經驗。

瑞士洛桑國際管理發展學院發表《2017 年世界競爭力年報》，評估的全球 63 個經濟體，香港連續第二年獲評為全球最具競爭力的經濟體，其中專業效率成為香港競爭力的重要因素。香港的專業服務一向位於國際前列，在多個領域（包括會計、法律和解決爭議、建造及工程項目管理等）擁有優秀人才和豐富國際經驗。以 2014 年計算，專業服務業佔香港本地生產總值的 4.8%，帶來 1067 億元的增加價值，並為 20 多萬人提供職位，佔總就業人數的 5.6%。業界在 2004 年至 2014 年間經濟價值的累計增長共 129%，升幅顯著高於整體經濟的 71%。香港專業人士協會會員人數日益增長，類別涵蓋本地十大專業界別，包括牙醫、醫生、大律師、律師、工程師、建築師、規劃師、測量師、園境師及會計師等有專業牌照人士。香港專業服務業對本地生產

總值（GDP）的貢獻率已超過 5%，可媲美香港旅遊業，且增長速度更快。香港專業服務業在 2004 年至 2014 年間的經濟價值累計增長達 129%，遠高於整體經濟 71% 的升幅，有學者認為「優秀、高效的專業服務是香港閃亮的城市名片」。

可以很客觀的說，香港在這個領域尚領先內地一段距離。內地改革開放以來，香港率先在這些領域向內地傳授經驗。習主席會見港澳代表，還提到梁振英先生 1978 年就到深圳、上海等地，免費舉辦西方土地經濟管理制度的講座，1987 年參與編寫了深圳第一份、也是全國第一份土地拍賣中英文標書。梁定邦先生、史美倫女士幫助創建證券市場有關監管制度，只拿「1 元人民幣」的象徵性年薪。上海虹橋機場引進香港國際機場管理理念，短期內實現了管理水準躍升，被評為「世界最快進步機場獎」第一名。北京、廣州、深圳等多個城市的地鐵建設和管理借鑒了香港地鐵的先進經驗；內地第一支救助飛行隊是香港飛行服務隊幫忙組建。內地通過學習，借鑒香港、澳門的先進做法和有益經驗，有力提升了內地城市建設和管理水準。

在「一帶一路」開展以來，香港專業界也抓住機會，積極投身，例如，為內地企業到沿線國家投資提供全方位的法律服務，規避風險；為內地加強與沿線國家的交流與合作提供法律協助；提供仲裁等解決方案，調解可能出現的紛爭等。國際知名的孖士打律師行合夥人暨中國業務主管形容，無論對投資者或融資企業而言，香港的法律專業服務都相當重要。香港有 1 300 餘名來自32 個不同司法管轄區的註冊海外律師，「他們不僅熟悉香港的普通法，更熟知世界各地不同的法律體系，其中絕大部分精通多國

語言」。隨着「一帶一路」深入廣泛發展，工程項目越開越多，投入資金越來越巨額，如何分散風險、保障權益、實現財政資金與私人資本的對接，每一環節都需要大量專業人士的參與，從金融到建築、從設計到環保、從管理到諮詢，在這些香港最擅長的領域裏都是大展拳腳的舞台。

目前，內地的專業服務也有了很大進步，在各方面與世界經貿交往制度接軌，但是依然客觀的說，香港的獨特優勢依然不減，這主要是因為一些客觀的制度性原因還在起作用，包括自由開放的市場原則、自由的資訊制度、優良的法治傳統、廉潔的規範以及健全的智慧財產權制度，還有經驗積累和最廣泛的國際聯繫等，這些綜合因素使到香港專業人士在「一帶一路」國際經貿交往的平台上繼續保持「有效率有公信」的優勢。

因此，在香港營造一個「一帶一路」專業服務中心，可用「歷史的必然」這個哲學術語界定。

筆者認為，可在如下方面努力：

1. 中央層面，繼續為發揮香港專才創造寬鬆的工作環境。早些年，中央制定 CEPA 規定，為專業人士進入內地服務提供了基本可能，近年也繼續放寬條件，但仍未能全面開通。建議及早實行「負面清單」管理，降低香港業界准入門檻，逐步達到香港專業人才充分為內地所用。

2. 實行專業資格互認，香港專業人士專業資格互認後可以在粵港澳大灣區內以至內地所有的城市服務。目前，根據 CEPA 補充協議中，已容許港人參加內地 33 個行業的專業資格考試，其中律師及會計專業的互認及考試開展得較快，但仍然有許多行業

互認較困難，下一步應努力突破藩籬，逐步做到內地與香港專業認證「一視同仁全面互認」。

3. 最近，內地已允許港人領取內地居住證，下一步應該考慮給予香港專業人士更多的「國民待遇」，使其在營商、創業、居住、子女受教育、便捷過關通行以至養老提供更多便利。

4. 內地政府層面，宜也積極借重香港專業服務。深圳前海管理局已建立香港專業企業名冊，並設立專業人士登記制度，名冊包含近 100 所建築及工程相關界別的香港專業企業，幫助相關專業人士在前海地區直接提供服務。前海的做法值得內陸城市推廣。

5. 香港政府層面，也應主動為內地專業機構和國際專業機構到港發展提供方便。今年 5 月，香港政府發表《本屆政府與內地合作的進展》手冊，關於香港專業服務板塊提出了「國家所需、香港所長」的宗旨。內地專業機構走到香港開業，也是他們學習香港經驗推廣香港經驗的捷徑，港府相關部門應該多方面提供便利。另外。目前有近 8 000 家海外公司在港註冊，香港除秉承傳統外，還宜為更多的國際專業機構駐港提供方便。同時，為內地專業機構與香港及國際的交流學習創造好環境。

6. 香港和內地「併船出海」的專業服務機構。「一帶一路」專業服務是由市場主導，香港和內地的專業服務機構合作，取長補短，一起在「一帶一路」沿線市場打拼，可收競爭、一加一大於二的功效，中央政府、內地政府和港府可協助之。

二、發展「一帶一路」教育培訓中心

2016 年，香港政府曾提出設 10 億港元的高等教育獎學金計劃，支援「一帶一路」沿線國家的學子來港深造，受惠學生每年可獲 12 萬港元以支付學費，可惜受到反對派阻撓，否則這項事業已經蓬勃展開。不過，十年樹木百年樹人，這項事業繼續推動依然未晚。由於「一帶一路」沿線國家靠近歐美的學子，往歐美留學的較多，香港應該主要面向亞太地區欠發達國家的學子，所以香港要發展為國際性的教育培訓中心，宜主要面向亞太欠發達國家。

40 年前，國家打開改革開放大門，香港就已經開始為內地官員開辦培訓班，吸引他們來港學習國際通行的商貿規則、法律知識，以及城市管理經驗。現在，要轉向為「一帶一路」沿線國家服務，只不過是將服務的範圍放得更加廣闊。

香港成為教育和培訓中心，也是具有其不可替代的優勢。香港擁有優質大學，本來已是亞洲地區的教育樞紐。在亞洲各個城市中，香港擁有最多國際學校，在 2017/18 學年，香港共有 53 間國際學校（包括一間特殊學校），提供約 43 600 個小學和中學學額及超過 10 項課程，包括英國、美國、澳洲、日本、新加坡、法國、德國、南韓、加拿大等國家的課程，以及國際文憑課程。大學方面，有 3 間躋身全球首 50 位，其中香港大學位於第 25 位，香港科技大學第 37 位，香港中文大學第 49 位。另外，城市大學也在《2018 年 QS 亞洲大學排行榜》中位列第 8 位。2018 年《泰晤士報》高等教育全球最佳新晉大學排名中，香港理工大學也排在第 18 位。

在全球 EMBA 課程榜，科大港大包辦冠亞。《2017 金融時報排行榜》上，美國西北大學凱洛格管理學院與科大合辦的行政人員工商管理碩士（EMBA）課程，連續兩年全球稱冠，並累計 8 次稱冠；由哥倫比亞商學院、倫敦商學院及港大合辦的 EMBA - Global Asia 課程，世界排名第 2。 港大開辦的工商管理碩士課程於 2017 年連續第 8 年獲《經濟學人》評為亞洲之冠。港大牙醫學院在《QS 世界大學學科排名榜》中高踞世界第 1，港大牙醫學院 2016 年、2017 年及 2018 年連續三年世界第 1。理大酒店及旅遊業管理學院在上海軟科《世界一流學科排名》中高踞世界第 1，理大酒店及旅遊業管理學院 2017 年及 2018 年世界排名第 1。

世界級院校及機構如卡羅琳學院、麻省理工學院、芝加哥大學布斯商學院、凱洛格管理學院、康奈爾大學動物醫學院、薩凡納藝術設計大學等，於香港設立分支教學和科研基地。

此外，香港專業人才培養也是強項，香港國際航空學院、港鐵學院、消防及救護學院、海事訓練學院和唯港薈（Hotel ICON），都是香港強項人才的培養基地。香港金融管理局現正構思成立金融學院，建造業議會計劃也籌備成立香港建造學院。

相較於內地，香港的教育更加國際化，易於為「一帶一路」沿線國家接受。特別值得強調的是，香港教育崇尚學術自由原則，讓學生在一個國際大都會及自由開放的環境中學習。大學為留學生提供較為優越的師資和學習環境，能夠有較好的實習和進修機會。學生可考取獲國際認可、高排名的學術資格，方便學子學成回國就業，也允許留港發展。因此，對於亞太地區的學子有很強的吸引力。

1. 香港政府要攻堅克難，擴大香港高等教育規模。香港當前大專教育，還不能充分滿足本地適齡學子的需求，香港宜多方面拓寬辦學管道，公立和民辦兩條腿走路，以增加更多的大專學額，既滿足本地學子的升學需求，也為吸引更多的亞太學子來港深造創造條件。近年香港因為少子化，有中小學校舍空置，應充分利用這些校舍轉為高校使用。

2. 近年來，香港在吸引內地學子來港修讀研究生有成功的經驗，這應該是吸引亞太區學子來港就讀立竿見影的舉措，受學位資源和住宿條件的約束較少，港府宜也從這方面入手，招攬「一帶一路」學子。

3. 政府要增加投入，加大獎學金計劃規模。事實上，政府拿出不多的獎學金，而香港得到的回報必然是多於投入，香港一旦成為「一帶一路」的教育樞紐，高教事業也必然會成為香港新的經濟增長點。

4. 鼓勵內地和國際著名高校到港採取各種形式辦學，包括獨辦、合辦、專科課程等等，使到香港大專教育出現百花齊放的生動局面。

三、建立「一帶一路」產品檢測及認證中心

「一帶一路」的深入發展，對於產品的檢測和認證的需求劇增，而香港在這方面的服務也是有得天獨厚的優勢，可以大力發展。

國際通行的認可服務，是由協力廠商發出證明，承認一間合格評定機構勝任進行特定的合格評定工作。實驗所、檢驗機構和

認證機構均為常見的合格評定機構。在香港，申請認可資格是公開和自願性質的，目前由創新科技署轄下的香港認可處提供認可資格，包括：香港實驗所認可計劃，香港認證機構認可計劃，香港檢驗機構認可計劃。

在媒體上，香港檢測和認證優勢報道並不多，但事實上，良好的誠信，嚴格的知識產權保障制度，較高的檢測水準，為到港檢測和認證的用戶帶來較強的信心。香港認可處屬於政府部門，不是一般的商業機構，在提供服務時可保持獨立角色而不受商業利益影響。認可處工作嚴格進行評審和推行適用的標準。其評審工作由能力卓著、世界頂尖的評審員進行。由於認可處能保持高水準，令其認可備受世界各地檢測和認證服務用戶推崇。香港其他私人檢測和認證機構，也本着公正高效的職業精神贏得口碑。值得一提的是，嚴格而又完善的知識產權保障制度，亦使到選擇在香港進行新產品原型測試的公司安心放心，不擔心新產品被抄襲。

此外，發達的物流支援及優越的通訊系統，運輸系統，還有方便進出的自由港制度，既方便產品製造商運送樣本到香港進行測試，也可迅速讓海外買家得知產品的測試結果。因此本地的檢測和認證服務，有內地同樣機構難以取代的優勢，非常方便內地廠商和「一帶一路」買家的溝通，也同時可為「一帶一路」沿線國家生產商提供便捷的服務。事實上，改革開放 40 年來，毗鄰香港的珠三角地區發展成為世界一個主要的製造中心，為該地區的出口產品提供支援，成為香港檢測和認證業的主要業務。因此，香港要成為「一帶一路」的檢測和認證中心，是有很堅實基礎的。

建議如下：

1. 香港積極支持擴大檢測和認證業發展。香港認可處已與 90 個經濟體系（包括所有香港的主要貿易夥伴）的 90 個認可機構簽訂互認協議，2016 年，香港檢測和認證業中 670 家私營獨立機構的業務收益總額達 141 億港元，對香港 GDP 帶來的貢獻為 73 億元，從業員總人數超過 14 000 人。隨着「一帶一路」的發展，香港還可以和更多的國家和地區簽訂相關協議，並且在經營環境，檢測人才等各方面支持本行業擴大發展。

2. 增加檢測和認證的範圍。目前，香港在食品檢測、醫務化驗、藥品檢驗、建築材料、玩具、電器和電子貨品、紡織、成衣、鞋履等領域的檢測和認證具有權威性，而隨着新一代工業革命和機器人等智慧產品的發展，也要求香港隨之發展，增加相關檢測和認證的種類。

3. 吸引國際合格評定機構在港設立分公司，增強香港在這方面的競爭優勢。

4. 也為內地評定機構提供培訓服務；並支持內地評定機構到港發展，取長補短，在競爭中發展，從而帶動內地相關行業的發展。

四、打造「一帶一路」商業糾紛調解及仲裁中心

「香港在『一國兩制』下奉行普通法，較為外國政府及企業接受，加上基建項目投資經年，容易發生仲裁紛爭，而香港法律專業人士熟悉外國營商環境，亦有處理相關項目仲裁的豐富經驗，擅於談判，這都是香港獨特的優勢。」這是香港的國際律師大行

的共識。

目前，香港約有 900 間律師行，9 500 名執業律師；其中約
80 間屬於註冊外地律師行，並有 1 331 位來自 32 個司法管轄區
的註冊外地律師。多個提供法律和解決爭議服務的國際及區域組
織均在香港設立辦事處。香港不但本地和國際法律人才薈萃，而
且香港擁有悠久的普通法傳統，香港法院行使包括終審權在內的
獨立司法權，在世界經濟論壇《2017-18 年全球競爭力報告》，香
港在司法獨立的項目中位列亞洲第一。整個法律架構成熟，法律
制度與國際標準接軌且達世界水準，有別於內地的法律制度，不
僅透明度高，亦公平可靠，令香港贏得全球最安全城市之一的美
譽。同時，以保護私有財產和知識產權為重，令香港成為發達商
業及金融樞紐。

值得強調的還有，香港擁有一個開放的制度以執行外地判
決和仲裁裁決。在香港執行有關民事及商業事宜的外地判決，可
根據法定登記制度或依循普通法原則。另外，由當事各方協議指
定的香港或內地法院所作有關支付款項的判決，亦可以在兩地相
互執行。在全球 150 多個司法管轄區作出的仲裁裁決，可以根據
《紐約公約》在香港執行，而香港分別與中國內地及澳門簽訂了
相互執行仲裁裁決的安排。此外，中文和英文均為香港的法定語
文，在香港審理的案件可以其中一種或同時以兩種語言進行。

多個專門提供法律及爭議解決服務的國際性及地區性著名組
織，均在香港設有辦事處，包括海牙國際私法會議亞太區域辦事
處、國際商會國際仲裁院秘書局亞洲事務辦公室、英國有效爭議
解決中心亞太區香港辦事處。中國國際經濟貿易仲裁委員會，也

在香港設仲裁中心。

可見，香港有的這些優勢都是內地欠缺的，所以客觀條件使到香港成為「一帶一路」商業糾紛調解及仲裁中心首選地。

現時，香港政府也很重視商業糾紛調解及仲裁業的發展。特區政府已於香港心臟地帶預留地方，供律政司和本地、地區性及國際性法律相關組織使用，前中區政府合署（現稱律政中心）西座的部分地方，以及鄰近的法定古蹟前法國外方傳道會大樓（曾用作終審法院），正進行翻新，擬改為法律相關組織的辦公室，並將於大約 2019 年年中起陸續啟用。連同律政司位於律政中心中座、東座和部分西座的辦公室，該處將成為一個法律樞紐。經過第一階段及補充階段的申請程式，17 個法律相關組織獲分配辦公空間，而第二階段申請已經展開。隨着這些法律相關組織遷入法律樞紐內的新辦公室，法律服務業的協同效應及運作效率將會提升，而香港作為亞太區法律和解決爭議服務中心的地位亦會得到進一步鞏固。

下一步，除了香港政府需要更廣泛深入推介香港的仲裁服務，也需要中央政府和內地各級政府也積極推介香港的仲裁服務，積極向參與「一帶一路」建設的內地企業推介使用香港的仲裁服務，反過來也增加香港仲裁服務的公信力，使香港的商業調解和仲裁成為「一帶一路」事業發展的重要法律工具。

五、建立具全球權威性的香港國際海事法庭

建立香港國際海事法庭，本質也是法律服務的方面，但是，由於「一帶一路」發展而帶來的海事糾紛與日俱增，而香港又具

備成立相關問題的優越條件，因此適宜單獨抽出來強調。

　　目前，內地最高人民法院已在上海和廣州設立了國際海事司法基地，成立之時負責人強調，「當前，中國已經發展成為世界第二大經濟體和第一大貨物貿易國和海運大國，隨着『一帶一路』建設的深入和國際航運中心繼續向亞太地區轉移，中國的海事司法理應有更多的責任擔當。加強海事審判工作，建設國際海事司法中心，是最高人民法院立足中國參與經濟全球化的現實需求，全面增強中國海事司法自身能力的重要舉措，將為『一帶一路』建設和中國成為國際航運中心充分發揮服務保障職能」。

　　另外，中國海事仲裁委員會在香港設立了仲裁中心，提供國際海事爭議仲裁服務。

　　相信，在香港建立國際海事法庭，與此並不矛盾，而是相輔相成，而且香港發揮在上一節所陳述的得天獨厚的優勢，可能是更好的處理「一帶一路」海事問題的法律機構。目前，有超過200項國際條約和協議適用於香港，這將為香港國際海事法庭仲裁提供更強的法律依據。

　　現時，香港處理海事爭議的法庭是終審法院和高等法院（包括上訴法庭及原訟法庭）。而香港海事法庭一詞有特別的法定涵義。香港特別行政區行政長官可藉簽署的委任令及香港印章委任一個法庭（稱為海事法庭），對涉及船舶的災害事故進行調查，或對船舶的船長、副長或輪機員方面的不稱職或行為不當的控罪進行研訊。海事法庭由一名法官（即終審法院首席法官、終審法院法官、高等法院首席法官、上訴法庭法官、原訟法庭法官、原訟法庭特委法官及原訟法庭暫委法官）或區域法院法官或裁判官

組成，並在兩名或兩名以上的裁判委員協助下進行調查或研訊。該等裁判委員須由行政長官委任，並且須為香港商船船長或為具有航海、輪機或其他特別技能或知識的人；但對於任何涉及或看來相當可能涉及取消或暫時吊銷船長、副長或輪機員的證書的調查或研訊，該法庭至少須由兩名具有香港商船經驗的裁判委員協助。

由此觀之，香港當下的海事法庭有弱點，一是具臨時組成性質，二是國際性不強。因此，要適應形勢的發展就需要升級，變為常設性質，並有國際專業性強的法官加入，逐步成為具有全球權威性的海事法庭，公正高效解決航運領域糾紛，提升香港海事司法國際公信力，也同時培育國際化高端海事司法人才，為「一帶一路」航運營商環境法治化、國際化、便利化作貢獻。

（原刊於 2018 年 11 月《鏡報》）

乘中央助港東風
發展「一帶一路」國際教育中心

　　近期，北京吹來了扶持香港發展創科的東風。經國家主席習近平批准，香港科研機構可直接申請國家資助基金，讓香港能打造成國際創科中心。另一方面，香港政府在新年度的財政預算案撥款 500 億元發展創科產業，重點落在科技園公司及其管理的河套創科園，並為大學額外預留不少於 100 億港元研究基金；港府還宣佈推行「科技人才入境先導計劃」，大幅簡化申請科技人才來港手續，計劃首年度最多將輸入 1 000 人。這些支持科研發展的基礎資金及推動科研要素流動的舉措，必然有利香港「新的創科中心」蓄勢待發。筆者聯想到的是，香港還大有作為的是，乘中央的東風，打造另一個中心──「一帶一路」國際教育中心。

　　根據國家公佈的資料，十多年來，香港上報推薦專案獲得 30 餘項國家科學技術獎，其中包括 1 項國家自然科學一等獎和 1 項國家科技進步一等獎；2016 年度，有香港學者參與的國家重點研發計劃立項數達到 61 項。近年來，在國家科技部的扶持下，香港基礎科研平台建設不斷加強。2014 年底，中央財政科技計劃管理改革啟動，港澳台科技合作專項納入國家重點研發計劃統

籌整合。據統計，香港 6 所高校建設了 16 家國家重點實驗室夥伴實驗室，香港科技園設立了 3 家國家產業化基地，香港 3 所高校、香港應用技術研究院設立了 6 家國家工程技術研究中心香港分中心。2015 年，瑞典卡洛琳斯卡醫學院宣佈在香港設立首個海外科研基地，美國麻省理工學院宣佈在香港成立全球首個海外創新中心。

「下一步要推動香港建設成為國家級科技創新中心，充分發揮香港在資訊流通、科研基礎、市場觸覺、服務業、智慧財產權等優勢，積極擴大香港創科人才庫建設，推動香港與世界最頂尖的科研機構加強合作，鼓勵吸引國際頂尖科研機構。」科技部相關負責人表示，未來將繼續推動國家重點實驗室香港夥伴實驗室、國家工程技術研究中心香港分中心等創新基地建設，進一步完善香港科學家申報國家科技獎勵、承擔國家科技計劃專案的參與機制，建立兩地聯合資助研發專案長效合作機制。

其實，香港協力國家的科研基地，都是開設在香港的大學裏面，香港鮮有高校外的私人機構投資科研尤其是基礎研究。由此，不能不聯想到，香港發展國際教育中心的設想。事實上，在曾蔭權年代，就對外高度開放香港高校教育，尤其是吸引內地的更多莘莘學子來港讀碩士學位，以及少量的本科及博士學位。十多年來，已經為內地培養了成千上萬的畢業生；同時，他們相當一部分留在香港發展，為香港提供新生的高級勞動人才。而到了梁振英時代，曾提出設置「十億港元『一帶一路』助學基金」，吸引沿線國家青年來港深造。這本來絕對是一個穩賺不賠的方案，但循例遭到那些為反對而反對的人士的攻擊。

無疑，香港的創科中心，首要的是融入國家的科研發展體系，融入粵港澳大灣區的發展。而值得指出的是，香港本身的獨特優勢，非常有利香港成為「一帶一路」的國際教育中心，這個目標更為遠大。而實際操作，可能比搞創科更易見成效，而影響更為深遠。

　　國家主席習近平提出的「一帶一路」倡議，已經變為現實，變為一項項具體開展的經貿發展項目。資料顯示，僅中國在「一帶一路」沿線 60 多個國家承擔的橋樑、發電站、水壩、高速公路、高鐵及其他基礎設施項目，數以千計，遍地開花，成績斐然。筆者隨華信組織的中亞訪問團，到訪哈薩克和塔吉克，親眼目睹這一歷史進程。尤其引發思考的是，當地的青年踴躍到中國北京、新疆等地求學，如果香港積極去吸引學子，一定是大受歡迎的。

　　筆者相信，香港發展高校國際教育，具有一些內地不可替代的優勢，第一，香港港大、中大、科大和城大等在國際高校排名靠前；第二，香港高校都可以用英文教學；第三，香港享有學術自由、資訊自由、宗教自由、資金自由進出，為學子提供很多方便；第四，香港法治基礎好，實行普通法，可提供「一帶一路」沿線國家經貿所需的法律知識。

　　還有很重要的一點，就是我們小小的香港，雖然土地房屋緊缺，但是全港有 180 多間校舍空置了 2 年以上。也就是說，香港發展「一帶一路」國際教育中心，其實軟件優越，硬件也不缺啊！

（原刊於 2017 年 5 月 19 日《思考香港》）

伸手思維阻礙香港
抓住大灣區機遇

　　粵港澳大灣區發展進入第三個年頭，大灣區的綱要已經公佈，最為喜人的是，中央和粵港澳三地政府在規則對接上展現突破，那些制約大灣區優勢發揮的因素已開始着手解決，相信大灣區發展很快踏上快車道，尤其是粵省。他們正制定三年規劃，三年後珠三角九城市邁上新台階是可以預期。只是不明白，為何香港特區政府有官員說，綱要的東西，有些我們可以做，有些我們也不一定做。似乎綱要對香港特區政府也沒有甚麼約束力，或許潛台詞就是「有着數就攞，沒着數就束之高閣」。也有人提出形形式式的建議，諸如在大灣區建「香港城」，「香港式醫院」等等。表面上看，利於香港融入大灣區，但是細想起來，還是個「伸手派」。

　　筆者可認為，此種伸手思維要不得。不但實際伸手要不到，而且還害了香港不知要苦練內功，以服務大灣區來尋求新的經濟活力和競爭力，提升香港自身的內在發展動力。若真有嗟來之食，那還需自身發展。就怕三年之後，香港 GDP 不但被深圳超越，還會有更多的城市趕上。

向內地要土地蓋「香港城」，蓋港式的樓宇，給香港老人到內地養老，也許心是好的但是可行嗎？本來，香港老人到內地養老不是新鮮事，事實上也有數以十萬計的老人回鄉安度晚年。之前，政府也有過「廣東和福建計劃」。但是，要內地撥地給香港建「香港城」，恐怕就是內地政府面有難色。事實上，內地中心城市如深圳、廣州、珠海、中山、佛山，自身的土地需求也旺盛，也是處於供不應求的局面。其次，內地的土地也是有價的，不可能無償供應。再次，內地的樓價也一直在上升，就算蓋了「香港城」價格也不會便宜，要去養老的港人負擔得起嗎？如果是只租不賣，香港的財政又是否可以負擔？很明顯，這些想法甚至提案，都是沒有經過深思熟慮的。

　　再就是，在內地建「香港式的醫院」，方便在內地養老的港人看病。這也是「說起來好聽做起來難」的計劃，這不但涉及土地，還涉及醫務人員派遣及管理等一系列複雜的問題。香港目前自身的醫護人員都缺乏，難道還能派人到珠三角服務？俗語有云，尺有所短寸有所長，香港和內地的醫療服務水平也是互有短長。筆者「生蛇」到將軍澳醫院診治，當時已向值班醫生提示可能是「生蛇」，但還是被否定，後來還是要到廣州看。實際上，香港人回鄉養老，居住不是大問題，關鍵是本來在香港享有的福利能否在回鄉超過 180 天之後還百分之百領取？香港政府官員心胸寬廣了，想通了利弊，又何須到內地蓋樓蓋醫院，只需明示，港人回鄉養老原有福利不變便可了。

　　更為重要的是，香港問內地要土地，就像澳門要珠海橫琴島土地一樣，人家會不會問你，你香港為甚麼不能自己解決土地，

你的養老「香港城」為甚麼不能在香港自己找地方蓋？你香港也可以填海呀，也可以發展新界呀，你自己不好好破除自身發展的難題和障礙，怎好意思伸手過來要呢？再說，人家還會說，給了你地你也不知道要搞多久才能成事？深圳河套地區已經讓你們搞了，但是那裏的發展就像小腳女人，走一步搖三搖，也不知道猴年馬月才能到外婆橋。

事實上，中央已經很照顧香港。中央已公佈 8 項便利港澳政策，包括稅務方面，確定境外居民在內地逗留不足 24 小時不計算 1 天；擴大境外人才所得稅補貼；粵省事業單位公開招聘港澳居民；港澳青年到大灣區創新可獲廣東青年同等的政府補貼；支持港澳高校和科研機構參與廣東省科技計劃；港澳居民出入境便利化；便利港人跨境非營運私家車利用港珠澳大橋前往廣東；減少粵港兩地海關貨物清關時間。

筆者認為，這 8 項措施看到中央對於粵港澳大灣區的優勢和制約，有非常清晰的認識並對症下藥，尤其是對於妨礙大灣區生產要素流通的制約因素積極解決。同時，在利益分配上向港澳傾斜。但是，香港又是如何充分利用這些便利呢？廣東的馬興瑞省長，大方允許香港私家車單方面通行港珠澳大橋去大灣區，但是香港政府又是怎樣落實？君不見，八項措施公佈後，港珠澳大橋每天還只是二三千香港私家車上橋，幾十萬車主還是望橋興歎。可見，當下是香港政府跟不上啊！

事實上，粵港澳大灣區和「一帶一路」都是香港新的發展機會，重點在於香港原有的優勢可以充分發揮。香港的優勢是甚麼，大灣區綱要給香港的定位：要鞏固和提升香港作為國際金

融、航運、貿易中心和國際航空樞紐地位，並強化香港作為全球離岸人民幣業務樞紐地位、國際資產管理中心及風險管理中心功能，同時推動金融、商貿、物流、專業服務等向高端高增值方向發展。筆者的理解，可以歸結為兩個字：「服務」。

香港只有樹立服務大灣區的觀念，才能最充分發揮香港的不可替代的優勢，香港也才能在服務大灣區中求得自身競爭力的升級，求得自身 GDP 的增長。同時，發展是解決存在問題的最佳途徑，香港經濟升級發展，香港的養老問題也就迎刃而解。

（原刊於 2019 年 3 月 18 日《亞洲週刊》）

大灣區開篇首重互聯互通
便捷港車入粵

　　粵港澳大灣區經濟帶發展，也就是要將粵港澳合作推向新的高級階段。就應該實實在在承認香港與內地過去 40 年合作中由於兩種體制所帶來的障礙，並切實加以克服，使到香港因「一國兩制」所得的優勢最大化，將兩種制度所帶來的障礙最小化。也就是說，盡量減少給香港與內地互聯互通所帶來的絆腳石。鑒於粵港澳大灣區「三個中心，三個關稅區」的特殊性，縮窄「跨境管理」的障礙是第一位的基礎性工作，港車便捷入粵可作為開篇。

　　港珠澳大橋通車在即，可是須要有粵港兩地牌的車輛才能在這條雄偉壯麗的大橋上行駛。起初，粵省管理部門只計劃增發 3 000 個兩地牌，引起譁然，後來增發至 10 000 個車牌。但是，筆者觀察，這還是遠遠趕不上香港車輛的需求，也趕不上香港經濟發展的新需求，更不符合粵港澳大灣區經濟帶發展的需求。

　　由此，可以看到，粵港澳大灣區經濟帶建設，當前首要解決的實務是互聯互通的問題。去年 7 月 1 日，在國家主席習近平見證下，簽署了《深化粵港澳合作推進大灣區建設框架協議》，明確廣東省主要構建科技、產業創新中心和先進製造業基地；香港主

要鞏固和提升國際金融、航運、貿易三大中心地位，強化全球離岸人民幣業務樞紐地位和國際資產管理中心功能；澳門主要建設世界旅遊休閒中心。三地的定位已經非常清晰。不過，這不過是說了各自的發展方向，然而要搞大灣區，是要將各種三者的分力扭成合力，否則還是各做各的，也就無所謂大灣區的協同了。因此，大灣區要真正動起來，還是要找出影響大灣區發展的障礙，並且切實加以克服。筆者認為，當下起步，文章開篇首要是在緊密互聯互通上做，而重點是為香港車輛進入內地提供便捷條件。

發展粵港澳大灣區，無疑是要發揮「一國兩制」優勢，但是，回歸以來的經驗證明，「一國兩制」保護了香港也限制了香港，「一國兩制」保護了澳門也限制了澳門，同理，「一國兩制」是粵港澳大灣區的獨特優勢，也需要客觀承認也因此帶來了約束。以發展的眼光看，粵港澳大灣區有超越紐約、舊金山、東京等世界級的大灣區的實力。但是，顧名思義就可以發現，人家大灣區都是一個中心，而粵港澳則是「三個中心」、「三個邊境區」和「三個關稅管理區」。粵港澳的這三個中心，表面上看是廣東、香港和澳門，其實這就是三個「區」，不是「三個中心」。「三個中心」，應該是香港、廣州和深圳，澳門還排不上。澳門充其量，是一個特殊的經濟體，對粵港澳大灣區沒有經濟影響力。之前的協議，將澳門作為一個中心，只是照顧其時一個「三個邊境管理區」和「三個關稅管理區」。

互聯互通是大灣區建設的基礎性任務

過去，香港是珠三角當之無愧的「龍頭」，深圳的領導人也信

誓旦旦說要做香港的「後花園」，香港的「後勤基地」。深圳機場甚至要做香港機場的配套機場。可是，如今深圳和廣州都不把香港放在眼裏。深圳的官員常說，香港有的我們都有，我們有的香港卻沒有。事實上，從「七一大灣區框架協議」看，深圳和廣州在創新方面遙遙領先香港。

而問題是，深圳和廣州也誰也不服誰，也都要當「老大」。不過，深圳和廣州的矛盾，不同於與香港的矛盾。穗深即使誰也不服誰，但是他們畢竟還是一種體制，有一個共同的「阿爺」：廣東省領導，因此，在粵港澳大灣區的融合過程中，必然容易過港澳。相信，未來 5 到 10 年，整個珠三角地區內地部分的「同城化」和「一體化」，可以達到其他世界級大灣區的水平。但是，港澳怎麼辦？怎樣解決在「一國兩制」下與內地融合發展、跨境管理中的種種矛盾？筆者認為，要將粵港澳大灣區發展落到實處，也就是要將粵港澳合作推向新的高級階段，就應該實實在在承認香港與內地過去 40 年合作中由於兩種體制所帶來的障礙，並切實加以克服，使到香港因一國兩制所得的優勢最大化，而因一國兩制所帶來的障礙最小化。也就是說，盡量減少兩種制度給香港與內地互聯互通所帶來的絆腳石。事實上，鑒於粵港澳大灣區「三個中心，三個關稅區」的特殊性，如何縮窄「跨境管理」的障礙，是第一位的基礎性工作，這一步如果不能獲得突破，所謂的「大灣區」是一個空話。

港珠澳大橋兩地牌只有 10 000 個，不能滿足需求。香港高鐵要做「一地兩檢」的安排，其實，都是要克服「跨境管理」所帶來的障礙。當前，香港的反對派極力反對，不也說明了密切大灣

區的互聯互通並不是一件易事。

筆者相信，粵港澳大灣區互聯互通的新標誌，將不僅是香港高鐵「一地兩檢」，而是香港的私家車進入內地越來越便捷，即使未完全享有「國民待遇」，也至少像歐洲申根各國那樣方便。也許，香港和內地車輛便捷通行，正如香港高鐵「一地兩檢」是香港未來聯通全中國不可撼動的重要一環一樣，也是粵港澳大灣區發展不可或缺的重要一環。試想，紐約、舊金山、東京等世界級的大灣區有這些障礙嗎？

港車入粵帶來巨大經濟效益和社會效益

當然，便捷就是要大幅改革當下的「兩地牌」制度。眾所周知，香港、澳門與內地在「兩地牌」管理上，有一個大致的對等原則。也就是說，香港進入粵省的車輛，與粵省進入香港的大致有一個適當的比例。但是，任何人都清楚，香港和澳門地域狹窄，就是本地的車輛都嫌擁堵，很難再增加開放內地車輛入內。事實就是，內地的私家車對等進入香港，香港承受不了。粵省對香港單方面開放則困難不大，是可以承受更多的香港私家車進入。因為，香港的私家車存量其實不多，不過 60 多萬，而深圳就近 300 萬輛。實際上，內地即使開放香港私家車便捷進入，車流量也是有限的。而且，貨櫃車進出香港已呈減少趨勢，開放更多的私家車進出也只是彌補貨櫃車減少量，不會造成驟增。值得強調的是，這個開放可緩解港珠澳大橋流量不足困境。

最為重要的是，粵省如果算大賬，香港私家車入粵帶來的經濟效益和社會效益，必定遠大於所付出的成本。香港車輛方便進

入內地，必然增加到內地的流量。實際上，香港車輛到內地，就不但是在廣東省活動，而且會深入到內陸省份，內地越開放，開車進入越方便，如同歐盟國家之間穿行一般，香港到內地的車輛必然會增加，潛力無限。首先，這種交通便捷，會刺激更多香港和國際的公司進入深圳、廣州以及內地其他中心城市設立商業機構。交通便捷，也必然增加各種經濟文化活動的頻度。另外，港澳的車流本身也是相當龐大的消費力量。所帶去的經濟效益必然大於消費了內地道路和管理的成本。如果，粵省方面算這個大賬，就可能從未必樂意轉為積極歡迎，從消極抵制到提供各種便利。值得一提的是，開放港澳車輛進入內地，必然減低了當下兩地牌的黑市炒賣價格，也必然觸及粵省管理車牌部門的利益。所以，需要上級部門統籌處理。

值得一提的是，粵省在開放香港車輛便捷進入內地的同時，也可以和香港方面商談，要求香港方面改善港珠澳大橋香港到深圳灣口岸連接道路的管理方法，以至可以使用設置全封閉的道路供內地車輛通行往來。這樣，等於將目前港珠澳大橋「單 Y」模式，變成實質「雙 Y」模式，可充分發揮大橋作為南中國道路的重要樞紐，方便珠江口兩岸內地車輛不須通關便捷通行。

港珠澳大橋通車在即，這座大橋如果流量不足，就有可能成為「風景橋」，而不是連接粵港澳大灣區城市羣以至南中國的一個重要交通樞紐。為甚麼車流量不足？歸根結底，是因為當初確定大橋放棄「雙 Y」，採取「單 Y」，成為「單 Y 陷阱」。粵港澳三地專家曾預測，大橋通車初期每日交通量約 10 000 架次，到 2035 年會增至每日 35 700 架次。如果到 2035 年，也就是大橋使

用 17 年之後，通車量也不到 40 000 架次，不及虎門大橋一半，那麼這條橋的功用就可想而知，而大橋的回本更是別提了。

港珠澳大橋可變實質「雙 Y」

如果大橋是「雙 Y」，即深圳也有落橋點，過往的內地車輛不必受香港對內地車輛的配額限制，如同過往虎門大橋和「深中通道」一樣便捷，那麼港珠澳大橋的車流量是不用擔心的，有可能一通車就直追虎門大橋的流量，逢年過節，流量再翻倍，每日 20 萬架次都是有可能的。

毋須諱言，大橋由「雙 Y」變為「單 Y」，是大橋利益攸關方博弈的結果。吸引珠江西岸的貨物走香港，是香港方面的主要着眼點。但是，這個算盤忽視了貨物「就近運輸」的基本原則。在改革開放初期，廣東方面的港口建設沒發展，珠江東西岸的貨物都只能走香港；但是，東面的鹽田港、汕頭港，北面的南沙港，西面的高欄港，以至江門港、湛江港，急起直追之後，珠江兩岸的貨物都必然「擇近而走」。政府放棄建 10 號貨櫃碼頭，即已明瞭這個趨勢。

第二，在香港、澳門和內地三地互進受限制，只能泊於人工島條件下，私家車上橋不可能大幅增加。於是，對香港人來說，開車走這座橋完全是雞肋。過橋號稱只要 30 分鐘，那只是通過大橋和引橋的耗時；從香港或九龍的市區到大橋入口處還有幾十公里呢，全程跑下來要一個多小時，才只能到達珠江西岸的橋邊口岸。然後，在口岸人工島停車場存車，然後走出停車場，轉乘澳門本地計程車，或者賭場的接駁巴士入澳門市區。這樣走，比

起坐快速船一個小時到澳門費時費錢兼麻煩。同樣，香港開私家車到珠海，也要泊車在人工島再轉車入內，也不如坐船到九洲港方便。因此，香港人開私家車走大橋，可能只有一兩次參觀旅遊的興趣，而不會將此作為通往澳門和珠海的捷徑。

需要中央出手協調

那麼如何變為實質「雙Y」？那就是打還在修建的港珠澳大橋屯門至赤鱲角連接路的主意。這條連接路既能提供另一條到香港國際機場的道路，也能夠提供來往新界西北與大嶼山最直接的路線，更可以連接港深西部公路，直通深圳。香港當下值得考慮的是，是否可以趁着這條公路還沒有完成定型前，對其功能進行提升，也就是在這條連接路以至港深西部通道，闢出一條全封閉的道路，供內地車輛毋須通關便捷通過。

筆者相信，香港讓渡了利益，可以得到更大利益。站在香港的角度看粵港澳大灣區建設，這也是回到文首的話，是如何使到香港因「一國兩制」所得的優勢最大化，而因「一國兩制」所帶來的障礙最小化的問題。筆者相信，如果站在廣東省、深圳和珠海的本位立場，大家都「不管己事，高高掛起」，粵港澳大灣區的基礎 —— 互聯互通，就不可能有為。筆者相信，最後是需要中央出手協調。

（原刊於 2018 年 1 月《鏡報》）

港資退中資進：
誰做香港發展領航者？

筆者篤信一條真理：生產力是社會發展的火車頭。鄧小平以更通俗的話表述，「發展是硬道理」。於是，回顧香港回歸 20 年的歷程，應該主要看經濟發展；對政治的檢討，也只能以其是促進了生產力發展，還是約束限制經濟發展作為判定標準。事實上，「一國兩制」的初心，就是認為是維護香港繁榮穩定的最佳模式，但是，前無古人的「一國兩制」內裏是存在矛盾，因此才會有「迷失的 20 年」的說法。這倒不是如一般人所說，「一國」與「兩制」的矛盾，而是私有制方式與公有制方式的差異和磨擦。

今天，要告訴讀者們可能令人驚訝或者震驚的數字：香港的大財團正逐步退出內地的投資，減持在內地的資產。近兩年來包括長和系、新世界系、恆地系、華人置業及瑞安房地產等本港地產商合計最少沽出了近 1 000 億港元的房地產資產。另一方面，海航等中資在啟德、港島等高價「搶地」消息淡去之餘，新的統計數字說，香港中資早就超越香港「半壁江山」。

截至 2017 年 3 月，在港上市的中資企業由回歸前 71 家猛增至 1 013 家，佔全港上市公司總數的 50.4%，佔港股總市值的比

重由 8.5% 提升至 63.7%，達 2 萬億美元。此外，中資股佔恒生指數 50 隻成分股的席位也由回歸前的兩席增至 26 席。

香港中國企業協會的最新數據顯示，香港目前擁有近 4 000 家中資企業，數量較 1997 年的 1 800 家翻了一倍多，企業總資產量躍升 11 倍至近 20 萬億港元，其中，總資產超過千億港元的公司在回歸前只有中銀香港一家，如今已有 42 家。在港中資早年以華潤、招商局、港中旅及中銀香港這四大央企最具代表性，而當今來港中資並非都是國企，相反，民營企業和混合制企業佔據多數。在港中資已成為內地在境外規模最大、發展最快的企業群體。

於是，難免有人會問，香港回歸前後，「華資取代英資」；今後，中資會否取代港資？

還有進一步推論的問題：倘若香港中資取代了港資，那麼，香港還有必要再實行「一國兩制」嗎？

回歸 20 年檢討，多數人會分析香港的政治力量對比，諸如，泛民與建制「六比四」的格局；或者說，當下新提法非建制與建制的選票格局，是否發生變化？選票決定立法局席位，立法局席位決定特區政府施政是否順暢。相信，這是一個永恒的課題，只要香港特區在未來 30 年堅持「一國兩制」，堅持落實《基本法》，香港就會有立法會選舉，就要計算「選票格局」。但是，經濟基礎決定上層建築，是否這種計算也應從「經濟成分結構」開始計算。倘若，香港真的變為中資的一統江山，要不要再實行「一國兩制」的確成為問題，至少那時的「一國兩制」一定不是「不走樣、不變形」。

然而，當下還可以肯定，香港只是中資上市集資的平台，而不是中資經濟活動的主要舞台。香港當下各行各業，包括香港仍具優勢的金融、航運業，以及滲透到民生的各種服務業，還有香港的支柱產業——房地產，執牛耳地位的依然是港資。當然，你說滙豐銀行是英資也可以，但是多數港人心目中滙豐就是香港銀行。中資說是已有 40 多家總資產超過千億的公司，但是當下對香港有舉足輕重意義的也只是中銀香港，至於華潤，招商，中旅等主要經濟業務都在內地。他們也是得「一國兩制」之便，可以以港商身份回到內地發展享受優惠，得以迅速擴充。看看，在香港上市的重量級上市公司，例如，騰訊、中移動、中聯通、聯想、光大等，他們的市場都在大陸。事實上，香港的市場對於他們來說，太小了。

　　說到海航等中資近年也到香港高價「搶地」，筆者認為，這當然不受香港歡迎，上綱上線還可以說是「走樣一國兩制」，但是，檢討這個問題的本質方面，重點應該在於由此更加突顯的「香港發展困局」。香港的經濟學者經常談論，內地可能陷於「中等收入陷阱」，但是我們如何直面香港的發展困局，香港的經濟陷阱，香港的結構癥結，那就是開發土地以破解缺地危機與維持「高地價高樓價高租金」的尖銳對抗。

　　當下，社會的共識是土地匱乏以至「三高」，使香港青年置業之夢幻滅，其實，這個問題更要命之處是嚴重窒礙了香港的經濟發展，無地無樓，還談甚麼發展呢？就算獨沽一味，只發展金融，也要有足夠的甲級寫字樓供證券商辦公啊。如果，有足夠的土地供應，不但中國的海航可以來，歐洲的航空，美國的航空，

都可以來。

　　問題是，為甚麼香港的主要大財團要減持內地資產呢？據報，有兩個理由，一個是避免與內地資本對撼，另一個則是還是香港機會更多。聽了這些話，筆者多少感到唏噓。想當初，改革開放之初，香港商人大舉進軍內地，北京王府井，上海外灘，廣州珠江河畔，呼風喚雨，指點江山。尤其是那些大財團，有雄厚資金，有技術，有經驗，發展迅猛。但是如今，在內地排得上座次的，鮮有香港的地產商。也許，有人說，港商是資本家，始終難以適應內地的社會制度，但是當下內地最成功的富豪不都是民營企業家嗎，也許，香港的本土情結使他們未能放手在內地大幹；香港的「三高」形成的畸形致富高速，更是誘使資本回流。

　　那麼，在香港下一個 5 年，下一個 10 年，港資若既無法吸取從珠三角「龍頭」滑向邊緣化的教訓，從而在粵港澳大灣區以至內地融合求取新生動力，回到香港又無能力破解開發土地與維持「三高」的悖論，那麼，香港經濟發展的領航者真的要讓位中資了。

　　　　　　　　　　　　　（原刊於 2017 年 6 月 9 日《明報》）

第五章

對台關係

從香港回歸 20 年總結
思考台灣「一國兩制」

　　2017 年 7 月 1 日，香港回歸祖國 20 年了。以鄧小平「五十年不變」的承諾計，香港「一國兩制」的實踐進入了中期階段。香港回歸 20 年，是一條不平凡的道路，以哲學的語言說，踐行「一國兩制」的未知元素也在矛盾鬥爭中逐步暴露。回歸之初，香港中聯辦首位主任姜恩柱所說的香港這本難讀的「書」，已被反覆翻閱至書角捲起。或許，從香港這本「書」，也可以聯想到台灣那本「書」。

　　從北京中央政府藉回歸 20 年總結的論述看，高層在評判中既把握好「一國兩制」實踐大方向，守住原則底線，也注意有制度自信、戰略耐心和適度包容，將香港回歸以來出現的諸多問題和挑戰的解決，看作「一國兩制」從實踐到理論不斷豐富和發展的過程，也是《基本法》在實施中不斷完善的過程。事實上，在中央政府與特別行政區關係和權力分配，在踐行「一國兩制」與維護國家主權和安全，在實行以行政長官為核心的行政主導體制等重大問題的論述，事實上都不是回歸之初就完全認識清晰的。應該說，當下中央政府對於「一國兩制，港人治港，高度自

治」，已經不是概略性描述，而是精確表述原則，精確表述底線，精確表述「度」在何方。回歸之初，那種將「一國兩制，港人治港，高度自治」，簡單表述為中央政府對港只管國防、外交，香港內部事務全部交由香港打理，顯然是片面的、膚淺的、不準確的。

第一，在「一國兩制」之下，香港保持原有資本主義社會、經濟制度不變，生活方式不變，法律基本不變。香港特別行政區依照《基本法》實行高度自治，享有行政管理權、立法權、獨立的司法權和終審權，香港居民享有廣泛的權利和自由。這個認識是回歸之初就有的，當下更加明確的是，「中國對香港恢復行使主權，是恢復行使包括管治權在內的完整主權，中央對香港特別行政區擁有全面管治權。」在此基礎上，香港特別行政區《基本法》規定了中央對香港特別行政區行使管治權的方式，即規定了一部分權力由中央政權機構直接行使，一部分權力由全國人民代表大會授予香港特別行政區依照《基本法》的規定行使，這就是通常所說的高度自治權。維護中央的全面管治權，就是維護國家主權，維護香港特別行政區高度自治權的來源。在「一國兩制」下，中央與香港特別行政區的權力關係是授權與被授權的關係，而不是分權關係，在任何情況下都不允許以「高度自治」為名對抗中央的權力。

第二，中國對香港恢復行使主權，也標誌着香港的憲制基礎和法律地位發生了根本性改變。作為國家根本大法的憲法和根據憲法制定的《香港特別行政區基本法》，共同構成了香港特別行政區政權架構、政治運作、社會治理體系的憲制基礎。在中華人

民共和國之內，憲法具有最高法律地位和法律效力。香港《基本法》是落實「一國兩制」方針的憲制性法律，在特別行政區法律體系中處於頂端位置。全國人大常委會根據憲法和《基本法》賦予的職權，行使對《基本法》的解釋權，所作出的解釋具有最終性，與《基本法》具有同等法律效力，必須得到一體遵循。這一點，也是回歸之初，香港人尤其是香港法律界較為模糊的，甚至認為香港是一個獨立的法律體系。

第三，要始終堅持以行政長官為核心的行政主導體制。《香港特別行政區基本法》所規定的香港特別行政區的政治體制，不是「三權分立」，也不是「立法主導」或「司法主導」，而是以行政長官為核心的行政主導。行政長官作為特別行政區和特別行政區政府的「雙首長」，要對中央人民政府和特別行政區「雙負責」，是連接中央與特別行政區、「一國」和「兩制」的重要樞紐，必然要在特別行政區政權機構的運作中處於主導地位。

從香港這本「書」看台灣那本「書」，尤其是在主張台獨的民進黨重新執政，大陸方面「武統」持續高漲的背景下，深入思索北京原先設計的台灣實施「一國兩制」的模式，其實存在許多模糊之處，包括屆時台灣所擁有的國防外交權、台灣自治權力的來源以及台北是否也會駐有中聯辦等關鍵性問題。

大陸很多網友認為，既然是「武統」不是「和統」，對台灣就不需要搞「一國兩制」了。筆者想，假設是「武統」，那麼在一段時間「軍管」後，北京治台也會有兩種模式，一個就是通過軍管強力實行社會主義制度，北京直接派官員主政台灣，慢慢將台灣改造為社會主義的台灣。另一個，就是軍管之後過渡到原來「和

統」所設計的「一國兩制」模式。筆者認為，即使是「武統」，恐怕也是按鄧小平原來設想的「一國兩制」遇到的反抗和阻力更少。

相較而言，鄧小平開出的台灣「一國兩制」的條件，不但較香港優渥無比，而且也超出世界歷史以來的單一制國家和以聯邦模式的複合制國家的條件，重點在於香港完全沒有的外事權和國防權而台灣將擁有。一直以來，台灣也有聲音提出以邦聯制模式統一。若按邦聯制模式，基本整個中華民國保留下來了，但是，北京絕對不會接受邦聯制，因為，邦聯是由兩個或兩個以上保留了獨立主權的國家，為了實現某種共同的利益而建立的一種鬆散的國家聯盟，其成員國根據相互簽訂協約，明確表示讓與或委託邦聯機構某些權力。其成員國各自仍保留對內、對外的主權，保留本國政府機關的一切職能，並有權自由退出邦聯。邦聯沒有統一的憲法，沒有統一的最高立法機關和司法機關體系，沒有凌駕於各成員國之上的中央政府，沒有統一的軍隊、稅制、預算、國籍等。成員國之間權力相互平等，沒有隸屬和制約關係。邦聯不是一個主權國家，是一個鬆散的國家聯合體，如今天的東盟、歐盟等。所以，北京認為邦聯實際做不到統一，反而是「兩個中國」法律化、固定化。

而聯邦制國家呢，對外是一個國際法主體，在全國範圍內有行之有效的聯邦憲法。一般來說，聯邦國家的外交、軍事、財政、立法等事務，均由聯邦中央政府管轄。美國、德國等國，都是當今的聯邦制國家。因此，可以說，如果台灣以「一國兩制」模式統一，所具有的權利比聯邦還優渥，應該是北京可能答應的最好的條件了。

只不過，從香港 20 年的經驗看，台灣若實行「一國兩制」，首先要確定的是台灣的管治權的權力來源。北京指，中華人民共和國是單一制國家，中央政府對香港特別行政區擁有全面管治權。香港特區的高度自治權不是固有的，其唯一來源是中央授權。高度自治權的限度在於中央授予多少權力，香港特別行政區就享有多少權力，不存在「剩餘權力」。那麼，台灣「一國兩制」後的自治權來源何方呢？相信，台灣會爭：這是來自中華民國而不是中華人民共和國。或許，「和統」的話，台灣可以力爭不休；「武統」之後，就是只有北京說了算。

　　只不過，按照「一國兩制」下的香港特別行政區的經驗，統一之後實行「一國兩制」的台灣特別行政區的權力來源也只能是來自中國的中央政府。有一段時間，北京方面很寬鬆的說，只要談統一，國號、國旗、國歌等都可以談。言下之意，就是，台灣統一的中國，可以不叫中華人民共和國，當然也不會叫中華民國。應該說，這也是北京對台灣的一種善意，但是，實際上操作起來太多困難。如今，中華人民共和國在國際社會上，如日中天，國號怎能說改就改，全世界近 200 個建交國怎麼看你？實際操作，又有多少麻煩事。

　　所以，可以肯定的是，未來台灣回歸祖國，只能也是中華人民共和國下面的一個特別行政區。其一定程度的自治權，來源於北京中央人民政府的授權；北京中央人民政府對台灣特區擁有全面的管轄權。這應該也說是台灣統一，實行「一國兩制」的基本原則。屆時，台灣特區基本法也應該服膺中華人民共和國憲法；台灣原有的法律體系要做重大調整。

接下去，台灣統一成為特別行政區之後，其最高領導人的角色問題。相信，台灣現在的領導人已經多次由全民一人一票選出，未來也只能延續這種選舉模式。但是，不管選出何種政治色彩的人物，按照香港的經驗，他就不能只對台灣人民負責，也必須對中央政府負責。然而，筆者相信，即使在香港，對香港負責和對中央負責都存在矛盾，未來台灣特首要做到「雙負責」是很困難的。

接下去，台灣享有的外事權，也必然存在寬度和深度的問題。自然，作為單一制為本質特徵的國家，北京會要求統一後的中國的外交權歸中央政府，台灣不享有外交權。相信，北京即使在台灣實行「一國兩制」，也不會允許台灣在聯合國有單獨的席位；而其所享有的外事權，只能是以中國台北或中國台灣名義，單獨處理國際間經濟、文化、教育、體育、宗教交流活動的事務。因此，這實際上和當下的香港差不多，還是台灣也保留「外交部」，行使和現在中華民國外交部差不多的權力？無疑，這將是一個極度敏感的問題，搞不好「兩個中國」、「一中一台」甚或「台獨」的問題，還是會長期困擾北京和台北。

根據香港的經驗，筆者認為，中央政府在台灣成為特別行政區之後，所給予台灣的外交權力，只能局限於一般的處理經濟、文化、教育、體育、宗教交流活動的事務的權力，只能叫做外事權，而不能有外交權，即不能擁有自行處理國與國之間關係和國際間重大事務的權力。或者說，台灣既不會像過去蘇聯的一些加盟共和國也在聯合國擁有一席，也不會繼續保留中華民國與一些國家的邦交關係。很簡單，如果台灣也擁有實質的外交權，在重

大問題投票上與北京持相反立場，那麼無疑等於國際上出現一中一台或者兩個中國。

至於台灣保留軍隊，那就更加複雜。在一個主權國家內部，保留並擁有兩支軍隊，世界無先例。鄧小平說，兩岸統一後，我們不會派軍隊去，台灣可以根據抵禦外來侵略和正常防務訓練的需要，購買一些武器，專責保衛台灣地區不遭受外國勢力的侵犯。那麼，這支軍隊還是叫「國軍」還是武警？其戰爭權來自何方？解放軍對其有沒有管轄權？筆者相信，這絕不是輕巧的問題。相信，如今北京在香港駐軍時刻警惕港獨，那麼中央政府對台灣保留的武裝力量就不要一點制約的權力和能力？不受制約的軍隊是甚麼事情都可以做的。

還有，香港回歸了，原來的中央駐港機構 —— 新華社更名為中央政府駐港聯絡辦，那麼，未來台灣是否也會有個中聯辦？如果也設駐台中聯辦，又如何界定其角色功能？香港回歸 20 年，香港的《基本法》也需要多次釋法，可想而知統一台灣的「一國兩制」模式和台灣基本法，其實還有太多細節未解決。

很重要的一點是，香港回歸 20 年，對實行「一國兩制」加深理解的重要一點是，實行「一國兩制」不僅有利於維持香港的繁榮穩定，而且要有利於維護國家的安全和主權。近年來，香港社會有些人鼓吹香港有所謂「固有權力」、「自主權力」，甚至宣揚甚麼「本土自決」、「香港獨立」，其要害是不承認國家對香港恢復行使主權這一事實，否認中央對香港的管治權，其實質是企圖把香港變成一個獨立、半獨立的政治實體，把香港從國家中分裂出去。那麼，台灣的回歸和實行「一國兩制」，更加要把反對台

獨，維護國家統一放在最重要的位置。如果認真處理好台灣實行
「一國兩制」的細節問題，就有可能事與願違，帶來事實上助長台
獨的後遺症。

（原刊於 2017 年 7 月《鏡報》）

「錢七條」和《港澳條例》決定香港在兩岸特殊角色

　　據悉，北京人大常委會就《香港國安法》立法將在「七一」，也就是香港回歸 23 週年前公佈並即時實行，香港將有一番動盪，加上 9 月的香港立法會選舉，香港各種勢力又一次殊死拼搏。不過，另外還有一個看點，那就是蔡英文是否真的如她在網誌上所說，取消「港澳條例」，將香港視作大陸的一個城市看待，那麼，香港作為兩岸的特殊「臍帶」，不但在港台經濟關係中扮演角色，也既是大陸的戰略橋樑，還是台灣的戰略橋樑 —— 這是否 7 月 1 日之後不再，恐怕真是太多人關注。

　　其實，特朗普的反應可能在蔡英文之前。美國國務卿蓬佩奧見過北京主管外交的國務委員楊潔篪之後，已經可以判斷，美國並不會取消香港的特殊地位，因為香港有太多美國的利益。所以，蔡英文也是有台階下的。

　　如所周知，香港實行「一國兩制」，台灣也是得益的。香港在回歸祖國之後，正是因為實行「一國兩制」，在兩岸關係中扮演了特殊的角色，筆者一直形容香港是兩岸的「臍帶」。蔡當局可能忘記了「錢七條」。香港的「一國兩制」，由基本法作出規範。而

港台的特殊關係，在香港回歸前，則有「錢七條」規定。這就是當時國家透過主管台灣事務的副總理錢其琛提出的「七條原則」：港台兩地現有的各種民間交流交往關係，包括經濟文化交流、人員往來等，基本不變；鼓勵、歡迎台灣居民和台灣各類資本到香港從事投資、貿易和其他工商活動，其在香港的正當權益依法受到保護；港台航線按「地區特殊航線」管理；台灣居民可在港就學、就業、定居；港台民間團體和宗教組織可保持和發展關係；在中央政府批准下港台可官方接觸往來、商談、簽署協議和設立機構；台灣現有在香港的機構及人員可繼續留存，要嚴格遵守基本法，不得違背「一個中國」的原則。

從「錢七條」可見，北京對於台灣當局及之前國民黨組織在港機構在香港回歸後留存是寬鬆的，只是要遵守基本法和不違背「一中」原則；對台商和台灣資金在港繼續經營，是一視同仁的；而對於港台的人員來往交流，更是積極歡迎的。可以說，這也是有別於台灣黨政人員在中國大陸活動的安排。

另一方面，說回到台灣的《港澳條例》，是香港回歸前的1997年3月18日通過，據此，台灣方面在香港與澳門主權回歸國家後，有特別安排，港澳香港居民入台旅行、在台工作等較為寬鬆。這種安排，實際上第一出發點還是台灣方面的利益。台灣相應地既可以獲得與港澳經貿往來的方便和優惠，也可以獲得人員往來的便捷。事實上，在大陸和台灣實行「三通」前，台灣人大都透過港澳進入大陸，包括陳水扁等台獨人士。同時，台灣對香港的經貿是作為特別關稅區安排，台灣對港的經貿統計是有別與中國大陸而單獨列表計算。

所以，因為港台歷史形成的特殊關係，香港在兩岸關係中扮演「臍帶」的角色。筆者的理解，「錢七條」的特別安排，使到香港的「一國兩制」還扮演着率先垂範台灣的榜樣作用。而台灣的《港澳條例》通過，則還是在國民黨執政時期，雖然其時國民黨的領導人李登輝已經露出台獨的尾巴，但是國共長期鬥爭的歷史因素使到國民黨內部還瀰漫着強烈的反共情緒，國民黨在香港的長期經營也不甘心一下子全部撤離，還依舊期盼香港成為顛覆中共政權的「民主基地」。其後台獨分子陳水扁上台，實行「去中國化」的政策，加上民進黨在香港沒有甚麼根基，不但對已經日益活躍的兩岸經貿往來和港台經貿阻撓，而且也對香港本身疏離。馬英九上台後，堅持「九二共識」，推動兩岸三通，也很重視香港的「臍帶」作用，港台之間互設了官方辦事處，台灣從香港得到的利益也越發增長。

　　近十多年，港台兩地人員往來非常密切，香港一直是入境台灣旅客的主要來源地，每年約 180 萬人次，僅次於中國大陸。香港學生赴台就讀的每年也有數千人。更為重要的是，香港作為世界自由度最高的經濟體，也被台灣有別大陸另列貿易夥伴，位居台灣第四大貿易夥伴，兩地貿易總額約 600 億美元，台灣每年從香港得到的貿易順差三四百億美元。更為重要的是，很多台灣企業借助香港的各種優勢，以香港作為基地，拓展大陸以至國際市場的業務版圖。尤其在台灣不能合法進入東南亞、東北亞以及亞太等經濟體組織之際，香港也成為台灣的跳板和中轉站。

　　所以，當蔡英文在網誌上稱要動《港澳條例》，切斷港台的特殊關係安排，香港的一般經濟分析人士都說，空心菜為何這麼

傻做台灣自己吃虧的事？自我剮肉做政治秀，莫不是被特朗普「用槍」逼着，不得不說？固然，這樣做是繼續她去年操縱「反送中」、「反中保台」獲得了連任的策略繼續，她可以繼續操弄台灣民意而鞏固個人權位。但是，操弄過頭便要翻自己的船。第一，她若然貿然通過「香港人道援助行動專案」，輕易收留香港的「黑暴手足」，不但要「贍養」這些低端人士而且還要擔心給台灣社會種下毒瘤。過去大陸劫機犯卓長仁從「義士」到殺人綁匪被執行槍決，台灣人至今記憶尤新，「黑暴手足」留台即使是台獨基本教義派人士也不敢公開表態支持。

　　第二，美國方面即使反《港區國安法》也未必會將路走絕。完全放棄香港的特殊地位，對美國來說沒有好處。香港本身是低稅的，這種情況之下美國貨物想要進香港自然會有很多便利。如果如今美國真的去將香港的特殊地位取消，去放棄一些便利，傷害最大的只是美國商人的利益。所以說，特朗普目前也還會有些考慮，他眼前最主要的判斷標準，就是看這一決策是否能為他接下來的選舉帶來選票。而一旦美國收手，蔡英文還要替特朗普「背鍋」。

　　最重要的是，台灣最新經貿統計數字正在拷問蔡英文。台灣今年 5 月對大陸與香港出口額 121.2 億美元，年增 10.3%，為歷年同月新高，佔總出口比重高達 44.9%。如果累計今年前 5 個月，台灣出口到大陸與香港佔比達 41.5%，是近 10 年最高。反觀今年 5 月台灣出口至東盟的表現，卻呈現近 4 年半來最大的衰退，大減 17.9%，出口額僅 38.2 億美元。如果累計今年前 5 個月，台灣出口到東盟的比重為 15.9%，創近 10 年新低。檢視歷

年官方資料，台灣對東盟出口佔比，反而是 2013 年馬政府時期的 19% 為最高。

看了這些數字，筆者的直覺就是，蔡英文你有甚麼牌反港區國安立法，反倒是北京有大把牌反獨促統。

（原刊於 2020 年 8 月《鏡報》）